読みなおす日本史

姓氏・家紋・花押

荻野三七彦

吉川弘文館

目　次

Ⅰ　花　押

Ⅱ　紋　章

Ⅲ　姓　氏

Ⅰ　花押

花押と日本史の謎

日本史上の名とは

しょめい―署名―というのを、「国語辞典」でひくと、「1自分の姓名を書きつけること。記名。2書きつけた自分の姓名、サイン」とある。それに付記して「――なついん（捺印）」とあるが、「署名捺印」は今日では一般署名の典型的な様式であるということを示したものである。

辞典をもう一度開いて「じしょ―自署」を見ると「自分で名前を書くこと、書いたもの」とも「みずからおのれの姓名また花押を書き記すこと」とある。

この署名と自署は類似はしているが、必ずしもその行為が一致しているとはいい難く、それが法律上の行為となると一層厳密さを要求されてくる。日本語というものは、ものごとを厳密に規定しようとするには、必ずしも適当な言葉ではないように思われる。

ここに記した辞典の説明についても、「自分の名前」ということの中には「自分の姓と名」をいっているのかどうか。また、自分の姓名を書きつけることといった場合に姓はゴム印で、実名だけを手書《てがき》にしてもよいのか、そんな細部まではわからない。そのために法律用語となってくると、日本語は自国語だというのに、時には英訳した方が理解が容易であるというようなことも起こってこよう。

これは現代のことについて私はお話しているのであるが、それを歴史の舞台へ移すと、また自らそこに変りが生じてくるものである。署名という言葉を辞典の説明のように「姓名を記す」とか「記名」とかいうこととなるとこれは現代のことであって、近世ではもう違ってくるので、ましてそれ以前の上代とか中世には存在しない言葉である。

そのように、「署名」という言葉が存在しないというのなら、それに代わる言葉は何かというと、それは「自署」である。しかし、先に述べたように辞典のいう「自分の名前」という言葉の内容が、「自分の姓と名」ということであるなら、これから私が述べようとする「自署」ということともまた違ってくるのである。第一、現代では辞典の方は「じしょ」とこれを読ませているが、歴史学者とか古文書《こもんじょ》学者の方では「じちょ」と読むのであって、この場合は姓や氏ではなく、名の方だけを書くこととなる。

ところで、名には「実名《じつみょう》」というものがあるが、これは一方に「仮名《けみょう》」というものがあって、それに対して実と仮を対称させたものである。

那須与一宗高、梶原平三景時、源九郎義経、木下藤吉郎秀吉など、随分と長々しい称呼であるが、これらの中の与一、平三、九郎、藤吉郎などは、すべて仮名とか通称、俗名《ぞくみょう》などといって、この方がふだんの呼び名となっている。

また、実《まこと》の名、名乗《なのり》、実名があって、この方は人格として重きをなした。「名《な》」という言葉の内容には、実名、仮名の他に、幼名《おさなな》、忌名《いみな》（諱）、贈名《おくりな》（諡）、あざな（字）、号《ごう》などと、色々あるから複雑であるが、人格として重要なものは実名であった。したがって、自署はこの実名を自分で書くということと理解される。

奈良時代の筆跡

私は、日本歴史に記される二人の人物について、いまだに、盲人として文字からまったくその人と縁が切れていたとは考えられないという疑問を抱いている。その一人は鑑真和上《がんじんわじょう》であり、もう一人は検校《けんぎょう》塙保己一《はなわほきいち》である。

塙検校は、講談でも、「麴町《こうじまち》の番町《ばんちょう》」の屋敷で弟子を集めて講義の最中に、燈火が風に消されて目明《めあき》の方は暗闇に困惑したのに、検校はそのまま講義を止めずに続けたと語られる。保己一は莫大な叢書である『群書類従』を編集して出版した他に幾多の編著を遺したが、それらは、いまなお私ども学者に必須の書となっている。保己一を援助した屋代弘賢《やしろひろかた》というような立派な弟子が、その片腕となって尽くしたからこそ、あれだけの偉業を遺すことができたことは事実であるが、まったくの盲人であったと断定するには少なからぬ疑問がのこる。

また、唐僧鑑真については、奈良の正倉院《しょうそういん》に蔵された「鑑真書状」がある。鑑真は、日本への航海の途中で失明したため、普通なら手紙など書けないはずである。そこで、この古文書は、随行した弟子が代筆したものであろうとする学者もあるが、そう決めてしまうわけにもいかぬであろう。

この「鑑真書状」には「三月十八日鑑真状白《にもうす》」と、差出書があって、書状の書出には「僧都和上《そうずわじょう》」と宛名の人を呼んでいるが、この僧都は東大寺の少僧都良弁《ろうべん》のことである。良弁は良弁杉の物語で芝居の方でも有名であり、大鷲に攫《さら》われた嬰児がのちの良弁である。この良弁の自署が天平勝宝三年（七五一）九月十八日「東大寺牒《ちょう》」と称する正倉院文書に見えるが、その筆跡はまことに堂々として豪快である。

この良弁と対照される奈良時代の代表的僧侶に道鏡がある。怪僧ともいわれる道鏡の自署は、天平宝字六年（七六二）六月七日の「道鏡牒」に「法師道鏡」と筆を染めている。達筆ではあるが良弁のような静観の姿勢には欠けている。

万葉歌人大伴家持《おおとものやかもち》の自署は宝亀三年（七七二）正月十三日「太政官符」に見える。これは家持が太政官庁に弁官《べんかん》として勤務していて、当時左中弁と称する官職にあったとき、職責上からたまたまここに公文書取扱いの役人として自分の名を「家持」と染筆したものである。しかし、『万葉集』の編集に力を傾け、代表歌人として名を遺したこの人の歌に関する筆跡はその片鱗も遺っていない。

歴史にその名を遺す多くの人の筆跡は、その大部分が家持と同様に偶然に遺ったものであって、遺《のこ》すべくして遺り、伝来したものはほとんどないといってよい。

大宝律令《たいほうりつりょう》の公式令《くしきりょう》によると、官公文書は書記官である「外記《げき》」がその全文を執筆するが、「自署名」はもちろん各自がするような規定になっている。これが日本の公私文書の一つの原則で、祐筆《ゆうひつ》と称する書役が代筆するのであるからそれと区別して「自筆《じひつ》文書」というものが特別に存在し、珍重されるようになった。

奈良時代において、古文書以外にも自署が見られるものがある。名声高い光明皇后は、美貌を誇ったばかりではなくきわめて教養の高い才女で、うるわしい筆跡を伝える「楽毅論《がっきろん》」一巻を写している。これは中国の三国時代の古典であり、それを東晋時代の王羲之《おうぎし》が書いたものを唐から輸入して光明皇后はそれを臨写したというのである。その巻末に「天平十六年（七四四）十月三日藤三娘《とうさんじょう》」と記されている。皇后は聖武天皇の皇后で藤原不比等《ふひと》の第三女であったため「藤三娘」と署名したのである。奈良時代の署名はすべて楷書の署名ばかりである。

このように述べてみると、奈良時代の人のすべてが、自分の名を署名したように思われるかもしれないが、全然字の書けない、また読むこともできない、つまり文盲《もんもう》の人達、むしろその方が国民の大部分を占めていたに相違ない。日本はすべて中国大陸を模範として進歩しようと努めてきた国家であるから、古代中国の制度を輸入し、それを見習ったものである。中国の文盲は法律文書の署名には「画指《かくし》」ということをやっていた。そのような「画指」が八世紀の奈良時代に日本にも行なわれていたのであって、庶民の文書にそれが見えている。

辞書に見える花押

時代は奈良時代からつぎの平安時代へ移ったが、その平安時代を初・中・後の三期に分けて話を進めよう。

書道史の上で三筆《さんぴつ》と三跡《さんせき》があり、嵯峨天皇・橘逸勢《たちばなのはやなり》・僧空海を三筆、小野道風《おののみちかぜ》・藤原佐理《すけまさ》・藤原行成《こうぜい》を三跡と称する。三筆の時代は楷書《かいしょ》と行書が行なわれ、三跡の時代は上代和様《わよう》と称して草書が発達してきたのである。署名の上にもこの楷・行・草の三様は大きな影響を有していることを忘れてはならない。

署名の一形態として「花押《かおう》」がある。その花押についてこんな話がある。それはずいぶん古い話ではあるが、インドの詩人タゴールが日本に来たときに、京都でお茶席に臨み、茶器の箱書に花押があった。それを詩人は「これは何か」と通訳に尋ねたところ、通訳はさらに傍の人に「何ですか」と問うた。傍の人は「花押ですよ」と返答した。そこで通訳は「フェース」と詩人に伝えたので、詩人にはいっそうなんのことか判断ができなかったという。

花押とは何かということを、何もわからぬ人に理解させることは至難なことに相違ないが、試みに『大言海』を引いてみよう。

くワ《カ》あふ《オウ》　花押・華押　花字《クワジ》ノ押字《アフジ》ノ義ニテ書判《カキハン》ノコト。花字トハ、己レガ名ヲ草書ニ崩シテ、

変化セサセテ、花《ハナ》ノ如ク書クナリ、花書《クワショ》トモ云ヒ、草名《サウナ》トモ云フ、ソレヲ文書ニ記スヲ、押字ト云ヒ、其文書ヲ押書《アフショ》ト云フ

とこのように記されているが、私のような専門家が一読してみてもこれでは花押とはどんなものかと理解できるものではない。ことに後の方にある「押書」というのは古文書学上では「押書《あっしょ》」と称する「契約状」を意味する別の名称のもので、花押のことを「押書」などという言葉の使い方はしていない。これでは全然簡と明を期する辞典の役目ははたしていないこととなって、どんなに理解しようと読者の方が努力しても辞典からは解明のできないのが、この花押であろう。

それもそのはずで、辞書の解釈中には「署名」の語が欠けているために花押が署名から発展し、変化したこと、そして両者の関係の深いことなどの説明がないので、一向に理解しがたいのである。もっとも「己《オノ》レガ名ヲ草書ニ崩《クズ》シテ」とはあるが、それが署名のことであるということにはすぐにはならない。また「花ノ如ク書クナリ」といわれても全然知識のない人には何のことかさっぱり推察のできるものではない。

日本における花押の初見

中国の唐末は九世紀から十世紀にかけた時代で、日本の方では平安時代の初期に相当していた。そのころの契約文書が敦煌《とんこう》文書にのこっているが、そのような文書の文末の結びに「押字為レ定《さだめとなす》」と書

かれているのに私は着目したい。唐の方では花押を文書の契約の確認の証《しるし》として使用していたこととなろう。

唐の大中九年（八五五）は日本では文徳《もんとく》天皇の斉衡《さいこう》二年に該当しているが、園城寺《おんじょうじ》の開山智証《ちしょう》大師円珍《えんちん》が唐に留学したときの旅行パス——過所《かしょ》と称する——を持ち帰ったので、それがいまも園城寺に伝わっている。それには唐の二人の地方官の署名があって、それは墨の色から判断しても明らかに本人自身が染筆した自署と判定し得るのであるが、それらは草書体による署名であるので判読はなかなかむつかしい。この過所なる唐文書を研究した京都大学の故内藤湖南《こなん》博士にも判読はできなかった。

このように、中国文書に花押の見えはじめるのは九世紀のなかばであった。そして、それは自己の名を草書体で書くことによって、それが次第に花押へと進展していくのであった。

さて、日本は中国と深い国際関係にある上に、日唐間の国際文書の交換をはじめ、こうした中国の法律上の慣習はすぐに日本にも影響したことは当然である。

私の研究によると日本の花押の初見は、平安時代の天暦四年（九五〇）の仁和《にんな》寺の寺司「別当大法師」の自署がそれであると推定される。この大法師の僧名は不明であるが、「別当《べっとう》」というのは大寺一山の寺務を総理する長官であるから、当時の有力な人物に相違ない。

ちょうど、平安時代中期のころ書道界で活躍、「三跡《さんせき》」の一人として著名で、和様の道を開いた小野道風の花押が草創期の花押として伝わっているが、それはいずれも模本のものであるので確認はでき難い。やはり、三跡の一人である藤原佐理の花押は数通の消息と古文書に見えているから確実なものとして認めることができる。

江戸時代中期の有職故実《ゆうそくこじつ》研究家として著名な伊勢貞丈《さだたけ》は、『押字考《おうじこう》』と称する一書を著わしてこれをのこしているが、二百年もたった今日、これより立派な花押の研究書はできていないといってよい。そこで、この貞丈は花押についてつぎのように述べている。

按《あん》ずるに押字に五体あり、曰《いわく》草名《そうな》体、曰二合《ごう》体、曰一字《いちじ》体、曰別用《べつよう》体、曰明朝《みんちょう》体也

と。また、これに付言して、

右押字五体の目《もく》、古人《ふるきひと》いまだ云はざる所、貞丈新にこれを分別するものなり

として、彼、貞丈の発案するところであると明言している。現代においても古文書学の講義にはこのままの分類が使われているが、多くの人はこの分類が貞丈の発案であるということは知らずに使っているようである。

貞丈の分類は花押発達の歴史に基づく分類方法を採用しているので、これを解説すると、その成立期はつぎのようになる。

1 草名体——平安時代中期
2 二合体——平安時代後期
3 一字体——室町時代初期

4　別用体――同上
5　明朝体――戦国時代

このような花押の五類型の各体についての説明は必要に応じて後段で述べるので、ここでは省略しておくこととする。

まず1の「草名」についてであるが、先にも述べたように、花押は奈良時代の自署が発達したものであって、草書による自署こそは花押の萌芽期であるとそのように認定される。そこで、つぎにそのような花押の萌芽と認められる「草名」なるもの、それについて観察してみよう。

自署から草名へ

草名《そうみよう》――花押がその源流を自署に発していることは、花押もまたその主軸を個性に置いていることになる。それは、他人の模倣と偽筆を防止するための形態の創造へと発展する。

それでは、他人が容易に侵害し得ないように工夫するその要素なり、条件とは花押のうちのどんな部分にあるのであろうか。それは、毛筆で墨をもって書いた場合には筆順と筆勢についてこそ独自の工夫が凝《こ》らされているものである。しかもそれは回数を常時たび重ねてくりかえし、習熟することによって一段と独自性を強めていく。

奈良時代から平安時代初期に至る間の自署には筆の省略による略字というものはないが、平安時代中期へ接近すると草名が発生してくる。そのような草名は全く二字名が結合されて一字のように工夫され、独自の書体を構成するので、判読には明瞭を欠き、それは奈良時代や平安時代初期とは違った、署名の初期の段階を創造することとなった。たとえば、小槻茂助《おづきしげすけ》という太政官庁に勤務した書記官職の左少史と称する中級官吏は、天徳元年（九五七）の「太政官牒」という官の公文書の直接発信官として署名をしているが、それは草名と判断されてしかるべきである。

小野道風は康保三年（九六六）に七十一歳で没したが、この人の草名は五点ほど伝わっている。それらはどれも模写や木版による模刻のみで、その真の姿は伝わっていない。一九頁の図に掲げたその草名は道風の真跡でないので筆順が乱れており、一向に筆をどのように運んだものか判定はできない。イミテーションの悲しさというものであろう。模刻ではあるが、明らかに道の字と風の字を草書にして、二字を併合し一体としたものであることはわかる。

右大臣菅原道真を讒言《ざんげん》によって失脚させた左大臣藤原時平の弟は貞信公忠平である。関白、太政大臣であったが、この人の子に桃園大納言と称した藤原師氏《もろうじ》という人があって、その自筆書状が近江の石山寺に伝わっている。この書状の書出は、

師氏言、依《より》二仁王会《にんのうえ》事一に

となっているが、この「師氏」の二字は図示したように草名である。また、その日付から差出名は、

二月十七日　左衛門督藤師氏《さえもんのかみとうのもろうじ》

となっているが、この「師氏」も同様に草名となっている。この人は天禄元年（九七〇）に五十八歳で没していて、この手紙は康保三年（九六六）のものであるから死没の四年以前の筆跡である。

このように、手紙の本文の書出やその文中に自己の名を書き入れる場合、草名を記す風が流行して、このころのものでは藤原佐理や藤原行成の手紙などにそれが見えている。

九州大宰府の少弐《しように》であり筑前の国司の藤原乙満《おつみつ》という人が永延元年（九八七）の文書に国司として国判《こくはん》をしているが、これも草名で「乙満」と書いてある。

小槻茂介の草名

小野道風の草名（模刻）

藤原師氏の草名

藤原乙満の草名

藤原元命の草名

藤原佐理の花押

永祚元年（九八九）藤原元命《もとなが》という尾張守の国司が官物を横領し、百姓を苦難の淵に陥れたことがあった。そのため、郡司や百姓らは三十一ヵ条に及ぶ訴えの文書を作って朝廷へ直訴に及んだ。このことは高校の教科書にも見えていて、生徒たちはここで「苛斂誅求《かれんちゅうきゅう》」という難解な言葉を学ぶのであるが、この訴状は「尾張国郡司百姓等解文《おわりのくにぐんしひゃくしょうらのげぶみ》」と称して有名なものである。その当の極悪人の藤原元命の草名が偶然にも「九条家本延喜式《えんぎしき》」というものの紙の裏にのこって伝わったが、その草名の下部は紙が切断されて失われているものの、「永延二年七月十四日」という日付も明記されている。その上に、

尾張守〔草名〕

となっているから、当時の尾張守はこの男以外にはいないので間違いなく、図示のように彼の草名を見ることができることも興味がある。

三跡の一人の藤原佐理は長徳四年（九九八）に五十五歳で没しているが、この人の自筆文書は数点伝わっていて、それは、

国申文帖《くにのもうしぶみちょう》・離洛《りらく》帖・頭弁《とうのべん》帖・去夏《きよか》帖・恩命帖

などの名称が付せられているが、それらの名称はいずれも消息手紙の文章の書出の、

国申文去月内可二弁申一者　依二先後相違一不レ能レ加レ奉

そのままに「国申文帖」と呼ぶのである。

この佐理の花押で年代の明確なものは、彼が大宰大弐《だざいだいに》という高級官吏となって任地の大宰府に遠く赴き、そこから京都男山の石清水《いわしみず》八幡宮へ遣《つか》わした正暦《しょうれき》三年（九九二）九月二十日付の「大宰府符」と称する公文書に見える。

正三位皇后宮権大夫兼（大宰）大弐藤原朝臣《あそん》〔花押〕

この花押は四十九歳のときのもので堂々としている。平安時代も中期を過ぎ十一世紀の初頭になると、このようにもう草名というよりも花押としての形がととのってきているので、それらを花押と考えるべきである。したがって、「草名体花押」と称すべきものである。

ただ、草名から草名体花押への発達、それは花押萌芽期であるから、その発展の過程の段階をどこに置いたらよいかということは容易に決め難い問題であると心得るべきであろう。

この佐理の花押のある「大宰府符」は、縦三三センチ、横約四〇センチの文書である。これが一枚の楮紙《こうぞ》に書かれているのでまことに見事であるが、さらに印文「大宰之印」という陽刻方印が文面に十顆《か》おされている。「大宰府」は歴史上は「大」であり、現在の地名には「太」と点をうつことになっている。その訳はわからないが、そう区別されているので注意したい。

古文書のなかで手紙は書状・消息などと称するが、それには公文書とか証文的な性格は含んでおらず、まったくの私文書である。証文の方には年月日を書くが、書状には月日のみを書いて何年などとは書かないことになっている。

そのために無年号の文書の研究はなかなかにその年代を決定することが容易でなく、時には全然不明とするのほかはないことも少なくない。この藤原佐理自筆の数通の書状なども年代の推定は正確には不可能である。

天皇の署名

ところで、日本の天皇には「御名《ぎよめい》」というものはあるが、中国の皇帝のような姓がないのが特色となっている。平安時代後期の天台宗の高僧成尋《じようじん》（善恵大師）は、先述の藤原佐理の子であったが、延久四年（一〇七二）に中国の宋国へ赴いて聖跡や諸寺巡礼をなし、永保元年（一〇八一）明州開宝寺で入滅した。この僧の旅行記は有名な「参天台五台山記」と称していまに伝わっている。

彼は、北宋の皇帝神宗《しんそう》に閲して日本のことについていろいろと質問されている。その中に日本の天皇の姓は何というのであるかと。それに答えて「姓はない」と。そこに中国と日本の相違があったのである。奈良時代より天皇は文書に署名することはないのである。

天皇が中国歴代皇帝と違って姓を持たないことは、一つに日本は万世一系であり、中国は王朝《ダイナステイ》が交替することに起因する。中国では隋が滅亡して唐が代わるとか、明《みん》が滅んで清《しん》朝となるとかという王朝の変遷があるが、日本にはそれがない。したがって、天皇家には他家と区別する便宜のための姓を必要としなかったのである。

唐の高祖は李淵であり李氏、北宋の太祖は趙匡胤で趙氏、明の太祖は朱元璋で朱氏と、このように各王朝には氏の名称があったから、北宋の神宗皇帝は日本の天皇には姓も氏もないと聞いて不思議に思ったことであろう。

天皇が勅書に裁可の意をあらわす場合、「公式令《くしきりょう》」には「御画《おんかく》」をするという規定がある。これによると、天皇は「可」の一字を自身で加筆することになっている。

この他、「正月八日」の「八」の一字を染筆することも御画であり、「宜《よろし》」とか「聞《ぶん》」という一字を大きく書くこともそのような「御画」である。

文書以外のことでも、たとえば歌合せの最初の天皇の御歌は必ず「詠人不知《よみびとしらず》」となるが、天皇の名を全然記さない。天皇が自作の御歌を懐紙などに書かれる場合にもそこに名は書き入れないのが書式であったから、現在でもそうした天皇の和歌の懐紙が掛物になっているのを鑑定するのに、それが何天皇の筆であるかと決めることに困難な場合もある。

天皇の花押は鎌倉時代の後鳥羽上皇にはじまっているが、このことはやはり天皇には署名がなく、その必要がなかったという上代からの習わしに関係があることはもちろんである。天皇の花押は後鳥羽上皇に次いで、後深草、後宇多、伏見、後伏見、花園、後醍醐の各天皇へと続いて見ることができるようになった。南北朝時代には北朝方の天皇である光厳天皇から、崇光、後光厳、後円融などの花押が見られた。

上代にはなかった天皇の花押が鎌倉時代の後鳥羽上皇になってはじめて出現したその理由は、と問われると、私はまだその点についての深い研究を試みていないので、解答はできない。他日を期するの他はない。

略名式の「朝臣」

もう一つ、公文書に自分の署名をすべきところに自分の名を署せずそれに代わる他のことを書くことがあった。それは「公式令《くしきりょう》」の「移式《いしき》」にみえる。この古代法制を注釈したものが「令集解《りょうしゅうげ》」である。それに「略名の式」ということが出てくる。太政官の下にある八省の長官は「卿《きょう》」と称するが、その卿は名を書く代わりにこれを省略して「八色《やくさ》の姓《かばね》」と称するものの一つである「朝臣《あそみ》」と自筆で書く。

東大寺献物帳《けんもつちょう》・天平宝字二年（七五八）の二通の文書には、藤原仲麻呂（恵美押勝）は「藤原」の下に「朝臣」と自署をしている。また「移」という官文書では長官の卿とか次官《すけ》の大輔《おおすけ》は同じように略名式によって「朝臣」の二字を自署とした。

平安時代の初期までは弁官《べんかん》や史《ふひと》は自署名であったが、その中期からの弁官はこれまた「略名式」によって「朝臣」と自署するようになる。ここに見える弁官というのは太政官に勤務してその庶政を執行する高級官吏で、『源氏物語』の須磨の巻に、やんごとなきかんだちめ、弁官などの中にもおほかりとある。これは貴い上達部《かんだちべ》（公卿《くげ》のこと）はこのような弁官の中にも多いといっているのであり、弁官なる高級官吏層が貴族の中のまた高い階級によって占められていたことを物語るものである。

玉室和尚の墨跡の鑑定

これまで述べてきたように、初期の花押は草名体であって、平安時代中期がそうした萌芽期であり、苗木の育つ時代であることがわかった。

これで世に（江戸時代からのことであるが）聖徳太子とか弘法大師などの花押のある文書が存在するなどという誤りも訂正されたことだろう。しかし、これらの偽文書が存在したことは、花押の研究を学術的にしっかりとしておかなかったゆえんである。

ところで、私は古文書研究は、直接、原本によることを基本原則としてきた。そのためには、極力、文書の原本に接するよう努力を惜しまなかったことは、これまた当然のことである。

現在古文書は、市場では法外の高値を呼んでいるので、私のような貧乏学者にはとうてい手が出ない。研究上の価値と書画骨董的なものの価値とは、大きな相違があるのは当然ではあるが、単純な日常の手紙でさえ、現在はもう最低が何百万円という単位で、まるで貧乏人はお断りという状況である。

私は終戦後、約二十年にわたって市場から古文書を求め、蒐集に努めた。それらはいま、膨大な研究資料として大学に所蔵されている。私はこの蒐集文書によって大いに自己の研究を促進させることができた。今後は大学内の研究が、この資料により、長足の進展を遂げるものと期待している。

つぎに掲げる文書は、そのように購入することはできなかったが、私のメモ帳には、研究資料の一つとして控えてあるものである。

さてここに一幅の掛物《かけもの》がある。茶室に懸ける茶掛《ちゃがけ》には、格好の一幅であるというところから値段のほうも数万円ということで、購入ができなかった。名称は「大徳寺玉室《ぎょくしつ》消息」といい、手に入れ損なったことをいまもって心残りに思っている。

文書の右端の部分を「袖《そで》」という（これに対して左端の部分を「奥《おく》」という）、その袖の裏に、つまり紙背に文字があった。掛物に表装されているので判読するのは容易ではないけれど、なんとしても読まねばならない。「眼光《がんこう》紙背《しはい》に徹する」まさに文字そのままの仕事・作業である。そこのところは紙背だから文字は反転となっている。

〆　　村井不及殿

と読める。この上のほうの記号のようなものは「封《ふう》の切点《きりてん》」といって、封緘《ふうかん》の締点《しめてん》のことで、〆はその一種である。ここでは詳しい説明は省略しておくが、これは「捻封《ひねりふう》」という封の仕方であった。この封書の形式は、「捻封うわ書」という。「村井不及殿」は手紙の宛名人だが、いかなる人か不詳である。

つぎに手紙の全文を掲げるが、一段低く書いてある部分は「追而書《おってがき》」といい（なおなお書ともいう）本文を書いたあとから、袖の余白に追筆したものをいう。字配《じくば》りはもとのとおりとなっている。

尚々書判一定覚不㆑申候へ共
　可㆑為㆓真跡㆒カト存候、
右之墨跡令㆓拝見㆒候、
定而可㆑為㆓養叟之真
筆㆒候へ共、書判如㆑此候哉、
覚不㆑申条出処能々御
尋可㆑然之由、可㆑被㆑仰候、
恐々不備
　九月二日　　宗珀（花押）

書き下せば、

尚々書判一定覚《かきはんいちじょうおぼえ》申さず候えども、真跡たるべきかと存じ候

右の墨跡拝見せしめ候、定めて養叟《ようそう》の真筆《しんぴつ》たるべく候えども、書判かくのごとくに候や、覚《おぼえ》申さ

ざるの条、出処《でどころ》をよくよく御尋《たずね》然るべきの由、仰せらるべく候、恐々不備

九月二日　　宗珀〔花押〕

と、なる。

この玉室和尚の消息を掲げたのは書状の内容が花押研究の資料としての興味があるからである（その他に江戸時代の人の文書の鑑定のようすがわかるという点からもこの文書は珍しい）。

これから、この消息を利用して花押研究を進めていこう。

「右の墨跡拝見せしめ候」とは、村井某から、禅僧、養叟なる僧の墨跡の鑑定を依頼されて、それを鑑定したのである。そこで、玉室は、鑑定の結果をつぎに述べるのである。

「定而《さだめて》、養叟の真筆であると考えるのであるが」、「書判がこのようであったか」——養叟の花押を、ただいま正確には記憶していないので、この書状の出所《でどころ》を、由緒あるところから出たものかどうか、それをよくよく調べた上で、再び報じてほしいものである。恐々不備（不具に同じ）。

そして、追って書きは、書判のことは確かには記憶していないが、まずは養叟の真跡であろうと考えられる、と述べている。

このように、文書の鑑定に、花押が大いに鑑定資料として参照されていることである。もう少し詳しく内容を検討すると、この手紙の玉室和尚は、大徳寺百四十八世住職の玉室宗珀《そうはく》であって、寛永十八年（一六四一）に入滅《にゅうめつ》している。また、この鑑定墨跡の筆者なる養叟は、同じく大徳寺二十七世住

職であった養叟宗頤《ようそうそうい》のことで、この禅僧は、長禄二年（一四五八）に入寂《にゅうじゃく》しているから、この玉室とはその死没年代が約百八十年の差があった。

手紙の本文のほうには、別に宛名はなくとも、「捻封うわ書」に「村井不及殿」とあるので、これは宛名を省略したものであり、本文のほうの宛名を剪《き》りとったということはない。つまり、完全な文書であるということになる。

さて玉室和尚は、養叟和尚の花押によって、この書状を確認しようとしたのであったが、その花押を失念してしまったために、そうだと断言することができなくなって、一応、真跡の決定を保留した。

私の蔵書の中に『紫巌《しがん》印章花押譜全』という横長綴の木版和書が一冊あるが、その奥付には、

「安政二乙卯年（一八五五）十一月古筆了仲《こひつりょうちゅう》著　幷《ならびに》　蔵板」

とあって、

「江戸下谷池之端仲町《なかのちょう》通御数寄屋《すきや》町発行書林岡村屋庄助」

と見える。

紫野の大徳寺を紫巌は意味するが、この寺の開山は宗峰妙超、大燈国師である。その宗峰妙超から徹翁義亨を経て近世にいたる代々の住職の花押と印章を原寸大に図示したのが本書で、袋綴百十七丁に及んだ和本である。各代が揃うということは不可能のようで、この本にもちょうど養叟の印章は三種掲げてあるが、同文書に該当する花押は欠けている。

花押に関する編著

このように、一冊の本に花押を集めたものの刊本は、元禄三年（一六九〇）に丸山可澄《かちょう》編刊の『花押藪《そう》』がある。ついで天保七年（一八三六）刊の横山寛編の『花押拾遺《しゅうい》』があるが、この他、茶道関係のそうした花押集の刊本は、数種伝わっている。これらの花押集は、鑑賞用の目的の他に、やはり、鑑定用に供することも編集・出版の目標となっていた。

しかし、それらの編者には、花押研究の態度姿勢はなく、平凡な好事家《こうず》の姿にほかならなかった。あとでも述べるように、一個人の有した花押は、決して単純なものではなく、意外に複雑なものであったから、標本とか見本に、花押をただ一個図示しておいても、的確にその図示に対比し得ない花押も存在していて、判断に困難を経験することもあり得る。つまり、個人の花押には、著しい変化が伴うものであるということとなって、結局、このような花押集は、鑑定上に十分の役をしないことが少なくないということとなるのである。

現代においても『花押かがみ』などという本が出版されているが、これは江戸時代の『花押藪』の系統に属する編著であるから、鑑定用としての役割には問題がある。

花押は署名の自署から発展して、発生したものであることは前述のとおりである。現在では、署名とともに、押印とか捺印ということが法律上に要求されていて、署名と捺印の重要度は、署名より捺印の方に多くの重点が掛けられている傾向にある。しかし捺印が署名と深い関係になるのは、近世のことである。上代・中世ともに捺印は、署名には関係のないことであった、私は『印章』という単行本を先年著わして、そのことの研究成果を世に問うているから、印章について詳しいことは今回はすべて省略する。

紙継目花押と押縫

ところで今日、証文が幾枚にも紙数を必要とし、それを綴じた場合には、紙の継目ごとに、あるいは綴じ目ごとに関係者の認印が押される。古文書の場合、数枚にわたるときは、糊で紙を継ぐのであるが、その紙の継目の裏ごとに、今日の認印のように、そこに花押を書き加えておくのである。

つまり、紙の散逸防止の必要から、花押をするのであるが、それを「紙継目判《かみつぎめはん》」とか「紙継目花押」と称する。そのような花押は、継目の左右両方にまたがって書くので、継目の不一致は、花押の完全型を検することによって一目瞭然となる。このような紙継目裏の花押のことを、上代には、「押《おう》縫《ほう》」と称した。

押縫の最古のものは、上図の天禄三年（九七二）の、「慈恵僧正良源遺告《りようげんいごう》」という文書の裏の継目花押である。この文書は長文であって、数枚の紙を糊付けして継いである。その花押は、慈恵大師とも元三《がんさん》大師とも称する良源のものであって、花押としても巨大なものであり、高さは四・八センチあ

法隆寺前律師源義

藤原行成

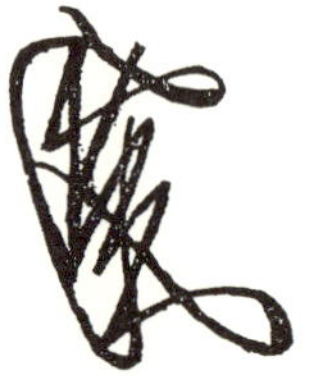
良源の押縫

藤原頼長

千夏（国宝本）

千夏（法隆寺文書）

る。

初期の、花押の代表的なものであるが、押縫は、花押利用の応用の一つであり、文書における花押の働きとして重要な作用をなすものである。

こう押縫を説明すると、それより古い時代とか、その他、このころはもちろんこれ以後にも印章を紙継目には使わなかったように誤解されそうだが、継目印は、これ以前にも使われて継目印と称している。そして紙継目印の押し方は、とくに左方を下方へ傾斜させて押印する方法が採用された。印章は方印が原則であり、継目印に限って方印を傾けて捺印した。

千夏譲状

前にも述べたように、書状の書出にみられる「佐理《すけまさ》謹言」「師氏《もろうじ》言」のような書式は、「行成謹

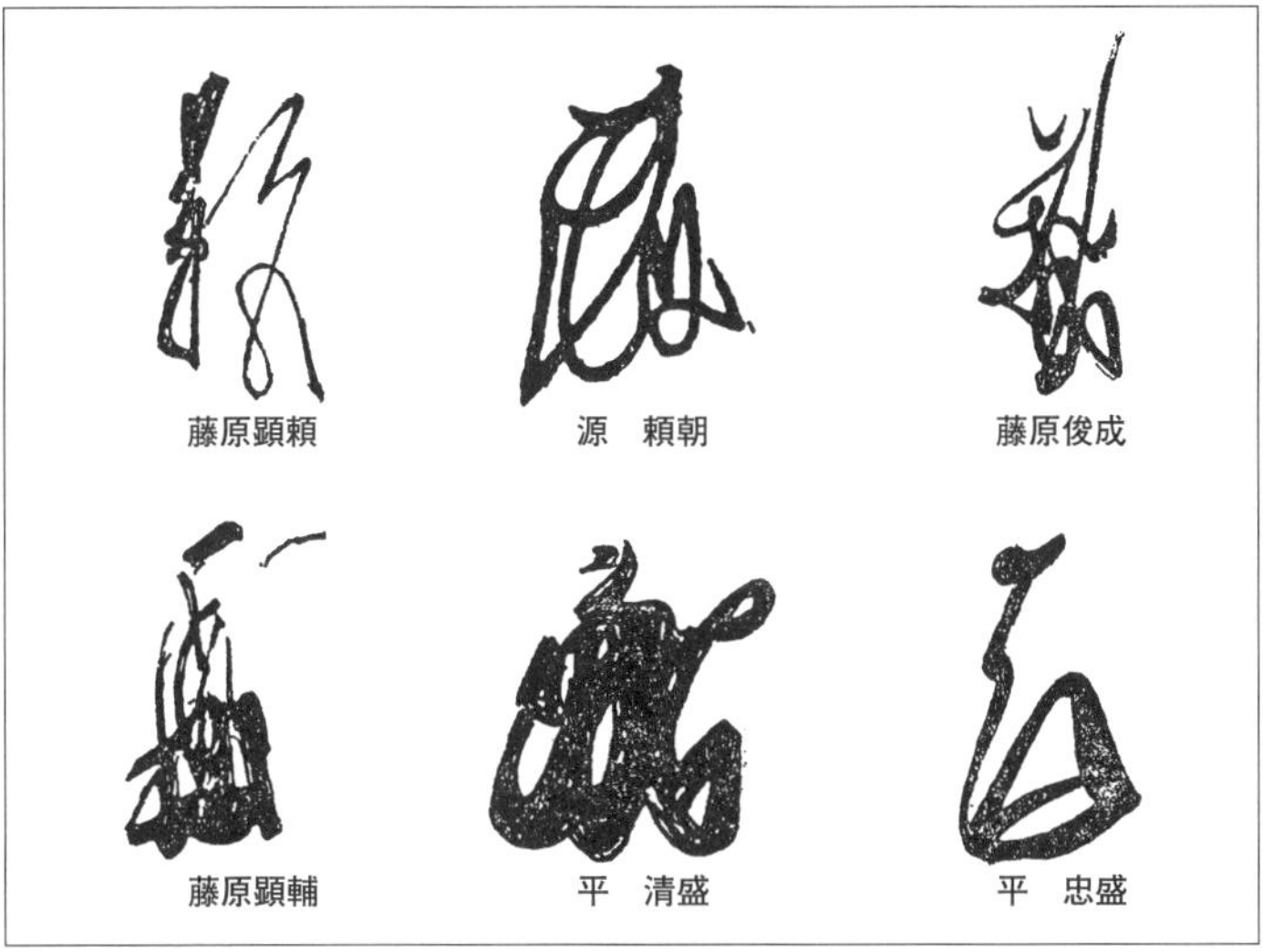

言」といって、藤原行成の書状にも見えている。
これも行成の二字を併合して、花押を形成したものであるが、筆勢があるので他人には模倣はむつかしい。こういう書式は、この十一世紀の初頭だけで、その後は消えて見えなくなった。
この十一世紀の永承六年（一〇五一）は、前九年の役の起こった年であるが、その前年の永承五年十二月九日の千夏《せんか》譲状と称する古文書が、法隆寺文書のなかにある。この文書は、特別にいうこともない平凡な文書であるから、人の注目を集めることはなく、見過ごされてきた。
文書の差出人は「領主法隆寺五師〔花押〕」となっていて、そこに花押が見えるが、その花押が問題となる。というのは、京都の知恩院にある国宝『上宮聖徳法王帝説』という聖徳太子の伝記集である古い写本がある。この本は記紀《きき》に対して異説が多く、これら『日本書紀』などを補足する古代史の貴重な史料となっている。

しかし、それが何時代に書かれたものか不明であるので、せめて書写年代を明確にできないものかと、多くの学者は苦心してきた。ところが、その国宝本の奥に書かれた一つの花押が、この永承五年の法隆寺五師なる僧で、千夏《せんか》という人の花押と一致することを、私は指摘した。この国宝本は、江戸幕末までは法隆寺に伝わっていたもので、千夏がこの本を伝え所蔵していて、自己の花押を書き入れておいたものである。

そこでどんなことが判明したかというと、この国宝本は、平安時代の永承年間より以前に写され、その年より降るものではないという、学術上の一つの論拠の確証ができることとなったのである。この花押も千夏の二字を組合わせている。

二合体の花押

このようにして、平安時代の後期になると、つまり十一世紀から十二世紀にかけては、花押は、その発展期を迎えていたのである。図示した法隆寺前律師源義《げんぎ》の、承保二年（一〇七五）の文書に見える花押は、高さ五センチにも及んでいる。

平安時代もやがて終わろうとするころに、保元の乱が起こったが、この乱を起こした人は、左大臣藤原頼長である。この人は、一面なかなかの学者で、仏教の学理的な研究にも深い学識があった。

『因明論疏』という仏典が伝わっていて、それに彼が三十六歳（彼はこのつぎの年の保元元年に戦傷して没した）であった久寿二年（一一五五）に、蔵俊という僧を師として、この本を勉強したことをその奥書に記している。

　左大臣〔花押〕

と見えていて、その花押は図のように書いている。

原寸は高さ三センチあるが、この花押は「花押発展史」の第二段となるところの、伊勢貞丈《さだたけ》のいう「二合体」花押で、それは「頼長」の偏《へん》と旁《つくり》を併合して成るものである。

鎌倉時代の歌人として有名な藤原定家《さだいえ》の父、藤原俊成《としなり》は、通称「しゅんぜい」といっているが、彼は平安時代末期から鎌倉時代初期にかけて歌壇で活躍し、文芸史上にも幽玄《ゆうげん》体を確立したことで知られる。初名を顕広と称した。五十四歳のときに俊成と改め、次いで出家したので、その法号を釈阿と称した。

今日、この釈阿の差出名のある俊成書状が数通伝わり、それに図示のような花押が見えている。しかしそれらの書状の花押は、余り鮮明ではないが、私が昭和十三年に発表した。『俊成本春記』なる珍本の建久元年（一一九〇）の奥書には、彼の見事な花押が書かれている。これはこの人の八十七歳のときのものである。

この花押もスタイルは二合体花押で、釈阿の偏と旁を合わされていて、その筆順は、正確にたどることはできるが、いっぽうの筆勢となると、これは本人以外には、まったく模倣は困難である。どんなに巧妙に試みようとしても、それは不可能である。

この俊成の奥書は、単にこの花押があるのみで、この花押の主を知っていない人には、それを即座に俊成だということはできない。

源頼朝の花押の筆順は、明確にたどることができる。そのためであろうか。頼朝の筆と称するこの型の花押をした偽物が多数伝わっており、今後の大きな研究課題となっている。

さて、頼朝の花押も二字の偏と旁を合わせて成るので、これも二合体の花押であることは一目瞭然としている。

平安時代になかった署名捺印

私は先年、近江香庄関係の古文書を一括して入手したが、そのなかには保延四年（一一三八）の鳥羽院庁下文《いんのちょうくだしぶみ》二通がある。院庁下文というものは、数葉の料紙をついで一通を形成していて、院庁という官庁の長官である別当から、以下三十余人が文書発信の責任者として連署するので、それらの多数の人々の花押が、一通の文書の奥に上下二段に並ぶこととなる。この院庁下文の連署者のなかに、藤原顕頼という人が、

　　権中納言藤原朝臣〔花押〕

として、花押を自分で書き加えている。この人の花押は、このほかには、天治二年（一一二五）の官《かん》宣旨《せんじ》という太政官の公文書に、「権《ごん》右中弁藤原朝臣〔花押〕」としている。保延四年よりは、約十年早い三十二歳のときの花押であることとなる。

この顕頼の偏と旁から成る、二合体花押としては、さきの頼長よりも以前のものであり、二合体の初期花押として注目される。

先述の鳥羽院庁下文には、

美作守平朝臣〔花押〕

というのがある。清盛の父の忠盛のもので、忠盛は平家隆盛の基礎を築きあげた人物である。その子清盛の花押も数点のこっているが、世に有名な安芸の厳島神社の国宝「平家納経」の、「長寛二年（一一六四）九月　日権中納言平清盛願文」のある一巻の「紙継目裏花押」が、図示したものである。ほかに後白河院下文にある「大宰大弐平朝臣〔花押〕」は高さ五・五センチにも及ぶ花押であるから、この写経の花押は、厳島明神へ奉納する謹厳さによって、わざわざ小さくしたものである。

この厳島神社に、「前《さきの》太政大臣家政所《まんどころ》下文」と称する文書が伝わっている。その太政大臣は清盛のことであるから、清盛はその家に政所という家政所を持ち、その長官である別当として、前越中守盛俊が仕えていた。この文書の末尾は、

治承三年（一一七九）十一月　日

前越中守平朝臣〔花押〕

となっているが、この盛俊の花押には、印文不明の朱印の方印が重ねて押してあるので、従来は、この印は、この盛俊の印ではないかと考えられていた。

つまり、これは外見からすると「署名捺印」の様式となるところに問題がある。私はこの印は、平清盛の家印であると断定した。

この文書には、文面の第一行目に、上下に各一個、文面の中央に一個と同一の朱印が押してあるので、それらとの関係から、この末尾の印も同じく清盛家の家印であるとすることによって、「署名捺印」という重大な問題が、平安時代に出現することはあり得ぬことを証明することができた。厳島は、清盛が安芸守に任ぜられていたことから、特別の関係があった。筆が厳島のことに及んだので、ついでに述べるとともに、署名捺印のことは重要なことゆえに付言した。

なお、この平盛俊は、一の谷戦で義経に討たれて戦死したと『吾妻鏡』に見えている。また、香庄文書の院庁下文のなかにある、

中宮亮藤原朝臣〔花押〕

は藤原顕輔のことで、勅撰集『詞花和歌集』を撰し、当時の歌壇の重鎮であった。

官名花押と源家三代

源頼朝の花押のある文書をまとめて最も多く所蔵している武家は、薩摩の島津氏である。しかもそれらの文書は、いずれも確実な文書ばかりで、頼朝の花押研究の一つの標準になるという点でも貴重である。

頼朝の公式の文書は「下文《くだしぶみ》」と称する様式のもので、それには袖判《そではん》と称して、文書の袖に頼朝が花押を書き入れている。頼朝の文書の多くは、平盛時《もりとき》が書役、祐筆《ゆうひつ》として代筆している。

ところで、この祐筆のことであるが、世の中には、ずいぶん初歩的なことを誤解している人があるので、余計なことかも知れないが、私の実際に見聞したことについて啓蒙《けいもう》のために述べよう。

Mデパートの古書展で私が目撃したことである。Aは売主、Bは客、そしていまBは秀吉の文書、立派に表装されて箱書もあって、いずれはある大名家襲蔵《しゅうぞう》の家宝であったと思われるものについて質問していた。

私はこのAとBの問答を興味深く、かたわらにあって一部始終聞いていた。ところでBは、還暦を迎えた年輩、そしてAは業界の最高指導者である。そのAにむかってBは、この文書は、「秀吉のほんものでしょうか」と問う。

Aは、「私どもは決して偽物は売りません。みなさまの信用によって多年商売もいたし、このような一流デパートで大々的な売り立てを、毎年定期にいたしておりますこととて、決してさような不信を招くようなことはいたしておりません。ここに展示しております古書にも古文書にも、なに一つ偽物は並べてはおりませんから、なにとぞご安心してお買い求めを願います」と。

Aの答えは筋の通った立派なものであるが、Bの方の質問には素人の立場としての、初歩的な意味が大いに含まれている。その点をAは推察しているのであるのか、かたわらの私には知るよしもないのである。Bの質問「ほんものの秀吉ですか」ということは、「秀吉の自筆か」ということであろう。

私はその文書を見ていたが、それは自筆ではなく、祐筆の書いたものであった。文書としては偽物ではないが、多分、このBが求めようと思っているのは、秀吉自筆であり、その点をAに質問したのであろう。Bがこの文書を購入したかどうか、そこまでは見届けはしなかった。

真偽ということの観点にも、人によって相違があり、ずれがあるものである。AとBの問答は、俗にいう対話が嚙《か》み合わぬということである。読者はまさかこのような幼稚な質問はしないことと思うが、総体的に「自筆文書」というものは、いずれの場合にも、稀少であると考えたほうがよい。このBも秀吉自筆文書の相場を知ったら、定めし驚いて帰ったことであろう。

さて、島津家文書の頼朝下文は、元暦二年（一一八五）六月十五日付から、文治五年（一一八九）まで、頼朝の草創期の文書が計九通完備している。まさに武家文書の白眉《はくび》であり、これに肩を並べ得る武家は他にはない。文治五年二月九日の下文には、頼朝の奥州征伐につき、きたる七月十日までに島津軍の精鋭を率いて鎌倉に参着すべしと記してある。この下文によって、はじめてこの遠征には頼朝の鎌倉出発の七月十九日ということの計画性の確認が立証される次第である。

私は昭和五年秋から冬にかけて、東京の国電五反田駅で下車し、大崎袖ケ崎の丘上にあった当時の公爵島津邸（現、清泉女子大学）へ、島津文書調査に日参した。島津家文書は、すべて巨大な「手鑑《てかがみ》」の帳仕立《ちょうじたて》と巻子装《かんすそう》に仕立てられており、『歴代亀鑑《きかん》』と称されている。いずれも雄藩の面目躍如として、豪華なものであり、巻物の袖はすべて薩摩ガラスであった。いま、その島津家文書は東京大学史料編纂所の有に帰している。

この『歴代亀鑑』の「頼朝下文」のつぎには、「前《さきの》右《う》大将《だいしょう》家《け》政所《まんどころ》下文《くだしぶみ》」と称する文書がある。これには、頼朝花押は姿を消してしまっていた。

頼朝は建久元年（一一九〇）十一月に、朝廷から正三位大納言《だいなごん》に任じ叙せられ、さらに右近衛《うこんえ》大将に兼任された。このことは頼朝が京都の公卿達と同列になったということであって、摂政関白家と同じように、頼朝の家に政所《まんどころ》を設置する資格の獲得をも意味した。そこで建久二年正月に、政所を鎌倉に設けた。頼朝は右大将になったが、いったん補任が終わるとこれをただちに辞したので、彼の家のことを「前右大将家」と称し、建久三年七月に征夷大将軍に任命されて、「鎌倉将軍家」とも称するようになった。

建久二年正月十五日に、政所「吉書始《きっしょはじめ》」の儀式を挙行している。政所には家司《けいし》と称する役職者がいて、その長官は別当の大江広元、令は二階堂行政、案主《あんじゅ》は藤井俊長、知家事《ちけじ》は中原光家と、それぞれ任命された。頼朝が発する文書も、これ以後一変するのである。

従来の文書は「頼朝御判」の花押のある下文、奉書《ほうしょ》などであったが、それらの文書をやめて、今後は政所下文をもって代えるというのであった。このとき、従来頼朝から御家人に下賜された頼朝花押のある文書は、他日を期していったん幕府へ返上して、新しく政所下文と交換に、これを給付することとなった。それは建久三年八月五日になって政所始の儀として、頼朝の政所への出御により広元以下四人の家司、その他家臣の列座によって晴々しく行なわれた。

最初にそのような新しい政所下文を賜わる御家人は、千葉介常胤であった。彼は頼朝の治承四年（一一八〇）挙兵の当初から武勲をたてた幕府の宿老格の重臣であった。したがって、頼朝との関係は父子にも劣らぬ深い親しみがある。

この日、常胤は頼朝に向かって、政所下文についてつぎのことを言上したのであった。というのは、政所下文は別当、令以下の家司の署判のみによって構成されているが、家司である大江広元、二階堂行政らはどれも自分の後輩であるから、下文に花押がいろいろとあっても、いっこうに感銘はない。頼朝卿が将軍になり、政所を設置される以前の御下文のほうが、なにゆえに自分にとって貴重であったかと申すなら、それは文書にご自身の「御判」を載せられていたからである。

そこで常胤に下賜される政所下文のほかに、特別に頼朝花押を袖判にした下文を副《そ》えてくださることを願い上げると申し出たので、頼朝は常胤の懇願に応じたというのである。このことは常胤を通じて、御家人が頼朝花押をいかに尊重したかということを、具体的に示したものである。常胤はこれに対して「子孫万代の亀鏡と致さん」と感泣したということである。

ところで「前右大将頼朝家政所下文」の最初の文書は、建久二年二月二十一日付であり、それが信州の某神社に現存しているというので調査に行ったが、その文書に見える広元、行政らの花押は、生気を欠き、しかも巧みではあるが、数名の花押はすべて一筆のように鑑定されて、これは写しか、または偽文書かと考えたのである。

このように文書の花押は真偽決定に重要な役割を演ずるものとして、重大なものであるが、そのことは中世の裁判にすでに実行されていたことである。

ところで高野山文書に、頼朝文書がある。この文書については最近刊行された『書の日本史』につぎのようにY氏は解説している。

ここに掲げた文書は、文治二年七月、備後国太田庄に関して頼朝が後白河法皇に奉った請文《うけぶみ》（ある人からの依頼、命令に対する承諾書の一種）で、頼朝の自筆書状の代表的遺例として有名なものである。……宛名はないが、後白河法皇の院別当であった中納言藤原経房に宛てたものであろう。本文の筆跡は反町氏蔵の奏状、あるいは東大寺蔵の書状と同一である。

請文は本人が自筆で書き、文末に姓名のみを記すのが通例であるが、この請文は文末の「頼朝」の名の下に花押を自署しており、同じ高野山文書「宝簡集《ほうかん》」に収めてある源義経の自筆請文と体裁を異にしていることが注目される。

となっている。さらに同氏は、頼朝文書を述べて、

おそらく諸国の御家人あるいは社寺に対する公私のものまでも含めれば、書状の量は日々にわたって相当の数であったろう。

このため、頼朝の側近には大江広元、平盛時、藤原俊兼らの祐筆《ゆうひつ》がいて、公式文書はもとより消息の類までも執筆していたが、頼朝は自分の書状について、それが遠い鎌倉から出されているため、ときには内容が確認しがたい場合もあることをおもんばかり、自筆、あるいは大江広元、平盛時など筆跡がよく知られている者が認めたときは別として、他の祐筆書きの書状には自分の名前の下にみずから花押を書き加えて、自分の書状である証拠としていたらしい。

この在り方は、当時の習慣からいえば正式と略式の書きかたがかさなったもので、いわば新しい形式の一つであったといえよう。現在、頼朝の自筆書状と伝えられているもののうち、……いずれも名前の下、あるいは文書の袖に頼朝の花押を捺していて、その具体的事例を示して興味深い。

こうY氏は解説しているが、私の考えは違っている。Y氏の、「頼朝の自筆書状の代表的遺例として有名である」と断定するところに、大きな違いが結果として出てくる。Y氏が「東大寺の頼朝書状と同一である」という東大寺の頼朝書状は二通あって、文治三年（一一八七）九月八日と十月九日付で、東大寺大勧進重源《ちょうげん》へ送った手紙である。

この東大寺の二通の書状は、表装して一巻の巻物となっており、その巻末の添状は、三条西実隆《さねたか》筆のつぎの天文四年（一五三五）のものである。

　頼朝卿被レ遣二重源上人一状、真筆《しんぴつ》也、

　　天文四年孟冬上澣　逍遙叟〔花押〕　八十一歳

この東大寺の二通の頼朝書状を実隆は自筆と鑑定したのであるが、私はそうは考えない。

高野山の方の頼朝書状の末尾は、

　七月廿四日　頼朝〔花押〕

となっているが、私の説はこれも祐筆が代筆したものであると考える。このように「頼朝〔花押〕」とすることは、実はおかしなことであり、理解しがたい。

というのは、花押は署名そのものであるから、花押を書けばそれと重複する「頼朝」の二字は、必要ではないはずである。これは祐筆が誤って頼朝と書いたのであるとそう解釈するのである。

東大寺文書の方は、

　九月八日　〔花押〕

とあるものと、

　文治三年十月九日　〔花押〕

とあるものとの二通りであり、このほうは頼朝の花押のみであるから、署名の重複という矛盾はないこととなる。実隆は、戦国時代の内大臣であり、学者であったから、このように花押のある書状は、自筆であるのが公家社会の通例であるところから、頼朝自筆と鑑定したのであった。

つぎにY氏の解説にも見える、高野山の源義経自筆書状を見ると、これは元暦元年（一一八四）五月二日のもので、一の谷の合戦ののち義経は京都にとどまって、頼朝の代官として京畿と西国のことの処理を担当していたので、高野山の寺領が押領されたという、寺からの訴えに答えた書状である。この書状の日付と差出名は、

五月二日　　源義経

となっていて、花押は見えない。これこそ義経自筆を立証する重要なポイントであって、自筆であるから「源義経」と自筆をした上に花押を重複させて書くような、当時の書式に反することはしなかったのである。

高野山に源実朝の書状がある。それは

十二月廿八日　右大臣〔花押〕

となっている。これは建保六年（一二一八）のことであるが、書式は官名に花押となっているので正しい花押の書き方といえる。

鹿島神宮にある源実朝下文は、元久二年（一二〇五）八月二十三日付であるから十四歳のときのものとなる。

この年、閏七月十九日、執権北条時政（頼朝の妻平政子の父、実朝の祖父）は、時政の妻牧氏と陰謀をたくらんで実朝を殺し、女婿平賀朝政を将軍に立てようとしたが、露顕に及んだので、時政は頭を剃り、伊豆の北条に隠居して、執権職を子の北条相模守義時に譲った。その事件の約一ヵ月後の文書である。

この文書には、大きな実朝の花押があり、薄命のために数少ない彼の花押の代表となっているが、それは、

左近衛中将源朝臣〔花押〕

となっている。実朝の室は京都の坊門信清の娘であるが、母の政子や北条時政ら北条氏一族が迎えようとした女性を斥《しりぞ》けて、自分の欲する女性と結婚した。そのこともあって、実朝の立場は執権政治の犠牲者となる日も遠くなく、彼自身も武家を棄てて公家化する風雅の道に親しみ、官位昇進を熱心に希望して右大臣にまでなることができた。それは建保六年（一二一八）十二月二日のことである。その翌年正月、二十八歳の実朝は、十七日に右大臣拝賀の式をあげたのち、源家の氏神である鶴岡八幡宮への参拝に際して、非業の最期を遂げたことは、誰も知ることとである。

高野山文書に春宮《とうぐう》大夫であった後鳥羽院庁別当西園寺公経《さいおんじきんつね》に宛てた書状がある。それは、彼が右大臣を拝命してから、わずかに二十余日を過ぎたときのものであり、さらに死期は十八日ののちに切迫していた。

十二月廿八日　右大臣（花押）

これは、右大臣になった短期間に見られる珍しい文書である。

これらの官名花押のあり方は正しく、したがって、実朝の二字のないことは当然といえよう。それにつけても、先述した高野山の頼朝請文の「頼朝（花押）」は、頼朝としては異例の書式で、私には気になる。

頼朝以下源家三代の将軍と、頼朝の弟義経らの花押を、こうして揃えてみると、これらは二合体花押の型であり、しかも父子兄弟の血縁関係が、こうした花押の類型という点によっても観察されるのである。このことは、花押の研究上から重要な問題なので、再度さきへ行って考えることにする。

天皇花押の初見

天皇と花押（五〇頁図）のことは、前にもちょっとふれたが、仁和寺に伝わるものに高倉天皇自筆（天皇の自筆は宸翰《しんかん》とか宸筆《しんぴつ》と敬語で称する）承安二年（一一七二）の十一月十三日の書状がある。その本文の結びは、つぎのように私的な手紙の文体である。

諸事期㆓面拝㆒、謹言

十一月十三日

「面拝を期す」というのは、お目にかかって詳しいことはお話しするということであり、「謹言」な

ど と鄭重な言葉が使われているのは、この手紙に宛名はないが、天皇の兄の喜多院御室《きたいんおむろ》の門跡《もんぜき》の守覚《しゅがく》法親王《ほっしんのう》であるために、ことさらに敬語が使用されている。この手紙は清盛の娘で高倉天皇の中宮である平徳子（のちの建礼門院）が、この守覚法親王の祈禱の効験《こうけん》によってめでたく皇子（安徳天皇）を安産したことを喜悦し、無上の感謝を表明したことを内容としている。

高倉天皇は「憲仁《のりひと》」というが、手紙には、差出名もその名も、また花押も書いていない。ただ今日、仁和寺でこの文書を見ると、周囲に竜を配した扁額の中に、「仁和寺」の文字を陽刻した巨大な朱印が、日付の下のちょうど差出名のある位置に押してあるので、これがこの書状に当初から捺印されていたものとの誤解を招きやすい。

この朱印は、仁和寺が蔵書印として勝手に捺印したものである。私はこの仁和寺の印を見ると無《む》性《しょう》に腹が立つ。それはこんなところに捺印をすることの馬鹿らしさに対してである。

後鳥羽上皇（高倉天皇の第四皇子）は、承久の乱に敗れて承久三年（一二二一）、隠岐へ配流されたが、その遠島から京都の賀茂社の神主の賀茂氏久へ四通の宸筆書状を送られた。

この氏久は、同上皇の落胤で、父子の関係にあったことから、とくに宸筆の消息などを寄せられたのであった。これらの文書は、氏久の子孫に譲られて久しくその家に襲蔵《しゅうぞう》されてきたが、ついに民間に流れて、神奈川県横浜の原三渓家の有に帰した。

しかし、原さんの奇特な志によって、その全部の関係文書は、宮内庁へ献納され、書陵部に蔵され

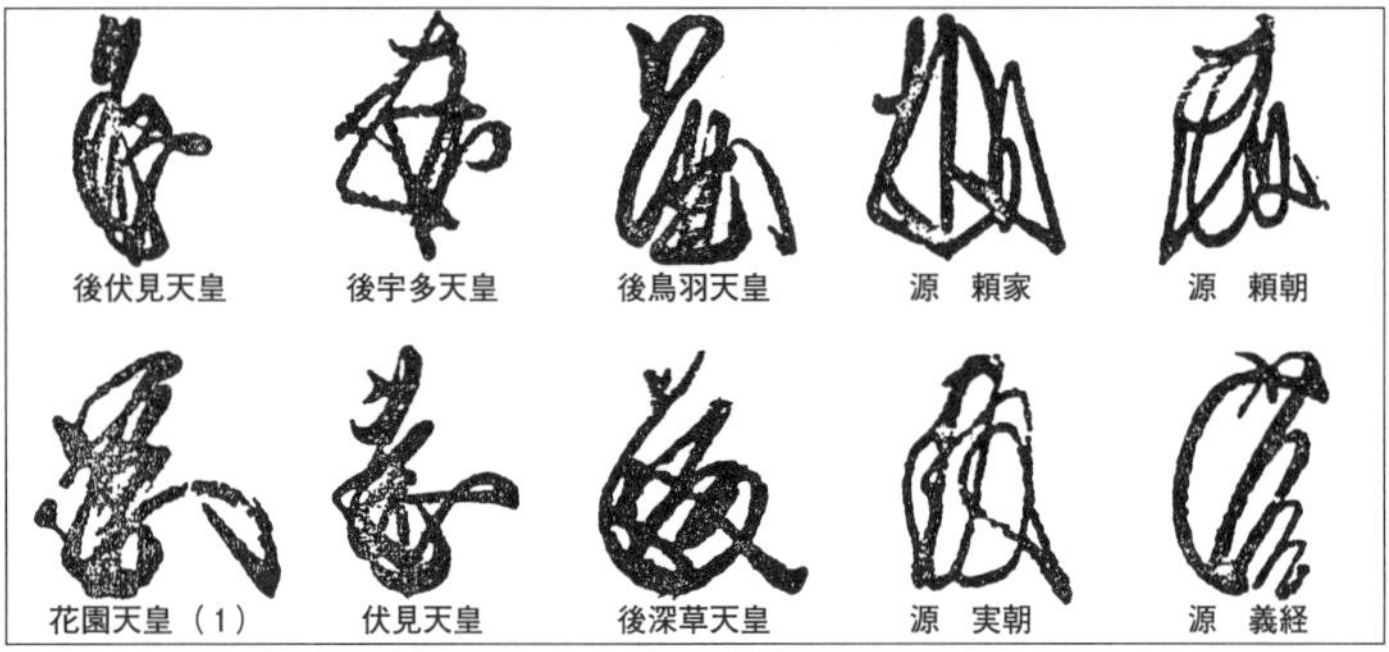

ている。この氏久へ送られた手紙は、流麗な仮名の散《ちら》し書《がき》消息で、まことに芸術品としても感嘆おくあたわざるものというべきである。日付のあるもの、ないものと二様あるが、日付のあるのは五月廿六日、六月一日、七月三日の三通である。これらの消息の末尾は、「あなかしこ　七月三日」となっていたり、または日付なしの書式である。

ところが水無瀬《みなせ》神宮に蔵する後鳥羽上皇置文《おきぶみ》には、延応元年（一二三九。暦仁二年二月七日に改元して延応元年となった）とある。この文書は遠島のこととて、改元のことを知らず、それは二月九日付である。

置文というのは現在と将来に関して守っていくべき規定を定めた文書をいうのであるから、遺言状などもその中に含まれる。

この置文は、上皇が遠島で重病によって世を去られる十三日前に書かれた絶筆である。そこには、

暦仁二年二月九日〔花押〕

とあって、ここに天皇の花押――上皇ではあるが――をはじめて見

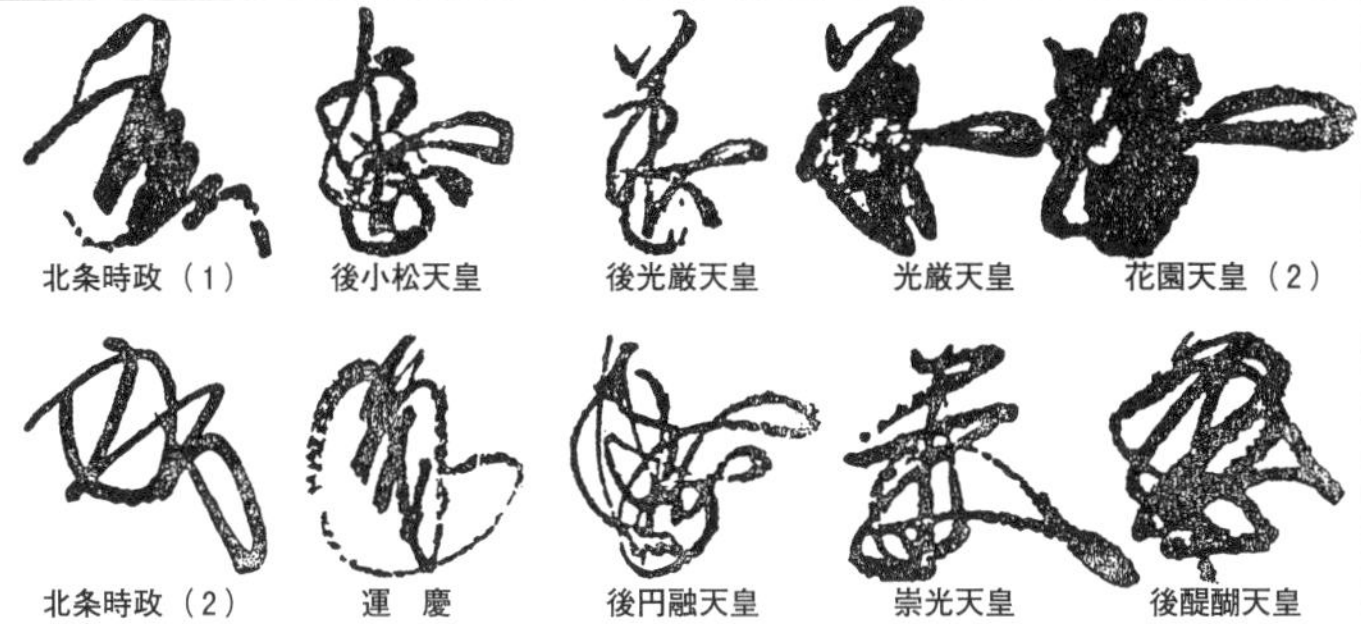

北条時政（1）　後小松天皇　後光厳天皇　光厳天皇　花園天皇（2）
北条時政（2）　運　慶　後円融天皇　崇光天皇　後醍醐天皇

るのである。

この置文には同上皇の手印《ていん》・掌印《しょういん》と称しててのひらに朱（墨のものもある）をつけて左右二つの手印が押してある。この手印のことについては、後述することとする。

この置文は寵臣《ちょうしん》であった藤原親成《ちかなり》に宛てたものであるが、彼は上皇の愛好の地、水無瀬離宮の淀川に近いそこに御影堂《みえどう》を営んでその霊を弔った。

こののちは、各時代の天皇の花押を各種の文書に見るようになるのである。

唯一の運慶花押

奈良市にある真言宗円成寺《えんじょうじ》（もとは大柳生村）は、仏師運慶の若いころの代表作、大日如来木造坐像を伝えていることで知られる。その仏像の台座裏から墨書の銘文が発見されたのは、大正十二年五月のことであった。墨書銘の後半には、

奉レ渡安元弐季《ねん》丙申十月十九日

大仏師康慶
実弟子運慶
〔花押〕

とあるが、運慶は康慶の嫡子であり、弟子であることが記されていて、安元二年（一一七六）に、この作品を完成させて寺へ納入したというのである。このことについて、私は古い論文につぎのように記した。

発見せられて以降すでに今日まで三十余年、（現在は五十余年）を経たが、いまだその花押、運慶の花押に関する限り、誰もこれについて論じた人がない。この墨書銘は仏師運慶の若き日の筆として貴重である。その花押は惜しいかな鮮明を欠いてはいるが、これまた唯一の運慶花押として一層貴重である。

この墨書は「安慶」の二字下方に枘穴《ほぞあな》があるので「実弟子運慶」の五字を次の行に、さらにその下には木の節《ふし》があって書けないために、花押を左傍《かたわら》に書いたのである。普通ならこの花押は運慶の真下《ました》に書かるべきものであった。

この花押は墨色も褪色《たいしょく》し、その上にその半分はもう消えている。

ところで、さきにも一言ふれた「近江香庄」の文書と称する三十五通・六巻の古文書を購入したが、それらは、この香庄という庄園の伝領に関する代々の譲状や上皇の院宣《いんぜん》、院庁下文、国司の庁宣、郡《ぐん》司解《しのげ》、尊勝寺から出した文書、売券《ばいけん》など、いずれも土地を中心とした文書ばかりである。これらは古文書学の上からは「手継《てつぎ》文書」と称し、土地の伝領を証する重要な文書として土地と一緒に伝領されるものである。

文書の中に「七条女院女房」の文字が見える。高倉天皇の後宮である七条女院（藤原殖子《たねこ》）に仕える女官、冷泉局《れいぜいのつぼね》のことである。この冷泉局が運慶の娘の「如意《によい》」という女性を養子に迎えて、香庄を如意に譲った。正治元年（一一九九）十月晦日《みそか》のことである。

そこで娘の父「法眼運慶」は、手継文書の一部に「裏書《うらがき》」を加え、証文として効力を添えた。さらにこれらの数通の手継文書を糊でつないだその紙の各継目ごとに「押縫《おうほう》」としての「紙継目」の花押を加えて、証文の紛失と改変を防止している。

運慶裏書は二通あって、その一つは保延四年（一一三八）五月二十日の鳥羽院庁下文の裏と、もう一つは天永三年（一一一二）四月十七日の大江通国譲状の裏である。それには、

正治元年十月晦日　法眼運慶

〔花押〕

と二通とも書かれているのであるが、その花押は「運」の一字を草書にくずしたもので、紙継目の花押もまた、当然同一である。

仏師運慶の自筆でこれがあるとなると、それは重大なことである。私は慎重に研究するよう努力し

たが、けっして結論をあせって出さないように心を配った。世の中には同名異人ということもあるから気をつけなければいけない、とそう自戒したのであった。

しかしさきの大日如来像台座にのこる花押と、この古文書裏書「押縫」の花押など、すべてが完全に一致しているではないか。これは仏師運慶の花押に間違いはないと、ここまできてはじめて私は決定をくだした。美術史学界の人々も、その後、おおむねこれを承認するようになったのである。

運慶は、鎌倉時代を代表する偉大な人物であるにもかかわらず、その死没の年代もわからず、彼の伝記には詳細を欠くところが多いので、このような新しい事実の発見は、大いにその方面の研究に対して貢献するところがあるに相違ない。

こう述べてくると、読者のなかには、その運慶の自筆文書がぜひ一見したいといわれる人があるに違いない。当然のことであろう。

去る五十年秋、東京国立博物館で特別展「鎌倉時代の彫刻」が二ヵ月近く開催されたが、そのとき、とくにこの運慶自筆文書が展示された。これがこの文書の初公開であったので、入場者の眼が集まったようだ。字配りをもとのとおりにすると、

此本文書ハ運慶か　女子如意《によい》譲状ニ
具て、藤原氏（冷泉局）の手より預㆓譲得㆒、
此裏書をして御前一期《ごぜいちご》之間ハ、

奉レ預、他人もし此文書をとりて
さまたけをなさは、ぬす人ニ
こと（断）はるへし、但、如意もし
人まね（真似）の事なんとあらは、運慶か
子供の中ニ、御前（冷泉局）の御心ニかな
はむもの、此庄を可二知行一也
　正治元年十月晦日　法眼運慶〔花押〕
此巻ハ二十枚也、仍各封二続目一了

こうした仮名には、中世後期までは濁音《だくおん》であっても濁点はつけない。また、平仮名と片仮名も混交して使っている。

「各続目《つぎめ》を封じおわんぬ」というのは、手継《てつぎ》文書の継目判《つぎめはん》として、運慶花押をしましたということを示す。この文書の寸法は縦三一・五センチ、横五七センチである。

『古今著聞集』と称する説話集（建長六年成立）に、「この女院の女房どもの中に……仏師雲（運）慶がむすめ」とあることも参考になる。仏師運慶は建久六年（一一九五）に東大寺供養に際して「法《ほう》眼《げん》」と称する僧位に叙せられているので、この四年後の正治元年の文書に「法眼運慶」と署していることは、当然のことであり、疑問の余地はない。これは運慶の四十歳代の筆であるが、円成寺台座銘の方は二十歳代の筆であろう。

袖判の意味

源義経の自筆文書として五月二日付の高野山の請文《うけぶみ》のことを前述したが、義経の花押は、これが彼の自筆であるために、書かれていない。

義経の花押が見られる文書は、やはり高野山にある。寿永三年（一一八四）三月□日の高野山金剛《こんごう》峰《ぶ》寺《じ》衆《しゅう》徒《と》訴状がそれ。金剛峰寺の衆徒たちが、寂楽寺所司による高野山寺領への侵害を京都の検非《けび》違《い》使《し》庁へ訴えたものである。

京都の検非違使庁は、治安維持の他に、訴訟、裁判も担当したが、武家時代にはいってから力を失った。義経はちょうどこの検非違使であったので、このような高野山衆徒の訴状を受理して、そのような訴状の袖の余白に「外題《げだい》」と称するものを書き加えた上で、衆徒らへ訴状を返してやった。

高野山の文書にはその訴状の紙の端の裏に、

九郎御曹司《ぞうし》外題成さる解《げ》状《じょう》

と書かれている。その「外題」は、「解状（解状は上申状のことであり、訴状もその一つである）のことはまことに不便《ふびん》、困っているだろう、早く彼らの無道の狼藉《ろうぜき》を止めさせて、正しい寺領の領有権をもとに復帰せしめよ、もしこの上に支障がある場合には申請すべし」と、このようなことを、三十五字の文章として記し、そこに義経の花押が、大きく堂々と書いてある。また、中村直勝博士蒐集文書中にも、自筆で三行二十九字の本文に「七月廿一日」と日付があり、さらに花押のある一通が見られる。文書の袖ということには、どんな意義があるのだろうか。そのことはまだなんぴとも研究していないようである。

私は袖は特別に上位《じょうい》な場所であると考えている。詳しいことは省略するとして、こうした外題は文書の末の、つまり奥にも、また裏書《うらがき》となる紙背にも書かれるが、その書いた場所には関係なく、すべて外題と称する。

しかし基本的なものは、やはり、袖に書き加えられるものである。「外題」のほかに、「免判《めんばん》」「外題安堵《あんど》」などとの称もあって、すべて「申請に対する指令を記したもの」との定義が考えられるから、それは上位者として加筆したこととなる。そこで花押の問題へ私の筆を戻してくると、「袖判」と称するものの独自の意義を考えることとなるのである。

花押を文書の位置の上から考えると、この「袖判」に対して、「奥判《おくはん》」その他に「裏判《うらはん》」といって、紙背にする花押もある。これらの各種の花押にはいずれもそれぞれの意義があるのであって、そうしたことに対する知識を持って文書を理解することが、真の歴史学の研究へと連結してゆくのである。

足利尊氏《たかうじ》とその子の足利義詮《よしあきら》の文書について、これを観察すると、観応《かんのう》三年（一三五二）には、尊氏は足利将軍であり、義詮は二十七歳で参議兼左中将であった。この二人は、「御《ご》感《かんの》御《み》教書《きょうじょ》」と称する切紙《きりがみ》の感状《かんじょう》を出していて、それがともに、のちには毛利氏の家臣になった熊谷家の文書中に見える。

①〔花押〕（尊氏）

安芸国凶徒対治事致二忠節一云々尤以神妙也、
弥可レ抽二戦功一之状如レ件

観応三年十月十三日

熊谷彦八殿

②於二武州一致レ忠之由、武田兵庫助氏信所二注申一也、尤以神妙、弥可レ抽二戦功一之状如レ件

観応三年七月七日　〔花押〕（義詮）

熊谷彦八殿

熊谷彦八直平に宛てて彼の戦功をほめ、感状を与えているが、義詮は年月日の下に花押をしていることに対して、いっぽう、尊氏は袖にしている。これによって明確に袖判が、「日《ひ》の下《した》御判《ごはん》」と、この当時に称されていた日付下《ひづけした》の花押よりも上位者によってなされるものであるということが判明する。源頼朝の花押は、その大略が下文《くだしぶみ》はもちろん、そのほか大江広元代筆の書状に加えた袖判のように袖にあるということも、頼朝の地位が武家の棟梁《とうりょう》と称して最高位にあったことを立証する。尊氏の文書を観察しても、元弘三年（一三三三）のものは「日下《ひのした》」であったが、それが権力を得るようになる

と袖の方へ移っている。

頼朝の下文は鎌倉幕府の武家の下知状という様式の文書を形成したが、これは将軍のおおせによって、その命令を執権《しっけん》という奉ずる人（奉者《ほうしゃ》）によって発行される文書である。そこに幕府の将軍と執権という主従関係があるのでこの両者はもちろん同列ではなく、上と下の関係があり、したがって花押にもそのことは関係し現われてくる。

加賀藩主の前田家に蔵する文書中に、

下　加賀国　并《ならびに》　家庄地頭代官所

（中略）

依二鎌倉殿仰一、下知如レ件

元久二年六月五日

遠江守平〔花押〕

という下知状がある。元久二年（一二〇五）六月五日という日付の次行に遠江守であった北条時政（頼朝の岳父。鎌倉幕府の初代執権）が、この下知状の奉者として差出人の花押をしている。この文中の「鎌倉殿」は将軍源実朝のことで、時政は実朝のおおせを奉じて発したのであるが、主従関係による謙遜の意を具体化した様式ということになる。

古文書以外の資料

北条時政の文書の一つに、大阪近郊北河内に玉造《たまづくり》氏の祖神を祀った武内社玉祖《たまのおや》神社があって、その社宝として、文治元年（一一八五）十二月の「北条時政制札《せいさつ》」（旧国宝。最古のもの）というのがある。この制札は木製で（二〇・五×一五・三センチ）、その板に墨書してある。

古文書は、その大半が紙に墨・硯・毛筆を使って書かれているのであるが、そのほかの材料、たとえば、紙以外のものを使って成るものも古文書として十分に利用し考えることが必要であるばかりではなく、なにゆえに紙以外の材料を使ったのであるかという理由を考えることもまた大切なことであろう。

そうした理由のなかには、文献による考察以外の研究資料が、内在しているものである。なにごとでも、平凡なことであるからとて見過ごすようなことのうちに案外に重要なことが、隠れているものである。

金石文《きんせきぶん》というのは、碑文や梵鐘などに刻まれたり鋳造された銘文などをいうのであるが、それらからも立派な古文書に代わるものが見出される。古代中国、紀元前の中国では竹や木や布のほか、この金属、石、土などがそれである。その後になって製紙の方法が発明されたのであるから、古文書に代わるものは紙使用よりはるか以前にさかのぼることとなる。

中国考古学界は、国をあげて漢墓の大規模な発掘を各地に行なって、出土品のなかに帛書《はくしょ》とか木簡《もっかん》など、貴重な遺物のあることをニュースによって報じ、中国科学院は、その研究成果をぞくぞくと発表しつつある。このような木簡は、日本の平城京をはじめ各地からも発掘されて、いまやその点数は二万を越すという。

さて、玉祖神社の制札に話を戻そう。

河内国園光寺者、
鎌倉殿御祈禱所也、於二寺 幷《ならびに》 田畠山林等一、
甲乙人《とこうのひと》等不レ可レ有二乱入 妨《さまたげ》一之状如レ件
文治元年十二月　日
平〔花押〕

右がその全文である。この鎌倉殿は頼朝のことで、園光寺という寺を頼朝祈願所としたので、庶民がその寺の寺領へ乱入し、押領をしたりなどすることを厳禁するという文章である。

これもさきの下知状と同じ様式の文書で、奉者である時政の差出名を年月日のつぎの行に移し、主人頼朝との主従関係を謙遜した書式として表現している。

制札は、紙と違い、一般になかば永久的に公示できるという点で、木に墨書し掲示したのである。このような木製の制札は、中世はもちろん、近世江戸時代になると高札《こうさつ》となって高札場と称する市中

の要所に掲示された。

さて、この制札に見える北条時政の花押は、前掲の元久二年の下知状の時政花押とは多少相違している。図示した花押の上の(1)のほうは文治のものであり、下の(2)の方は元久のものである。

一個人の花押は、その人の生涯においてこのように変化するものであるということを、この時政花押はよく示している。そうした一個人の花押の変遷を調査し、研究するためには、詳細な花押のデータが必要になってくるのであるが、時代が平安時代ともなると、なかなかそのような詳しいデータを集めることはできないから、成果も得がたいこととなるのである。一個人の花押の変遷の研究については後述することにする。

裏花押

『吾妻鏡』に見える頼朝請文の本文の末尾（「書止め」と称する）が、「頼朝恐々謹言」となっているものに限って、「頼朝　在裏判」と差出名に注がしてある。これは「うらはん」と称して、文書の紙背の方に花押をわざわざ書く書式をいう。このような「裏判」とはなにを意味するのであろうか。

高野山文書につぎの文書があるが、あまり難解のものではないので、そのままを掲げることとしよう。

高野山領備後国太田庄地頭非法《ひほう》事、衆徒解状謹《つつしんで》下《くだし》預《あずかり》候畢《おわんぬ》、尋《たずね》二明《あか》子《し》細一、可二成敗一候、且《かつ》

其《うは》由《を》、仰《せ》二重時・時盛《に》一候也、以二此趣一可レ有二御披露一之旨、鎌倉按察《あぜち》殿御消息所レ候也、恐惶謹言

十月廿八日　武蔵守平泰時〔裏花押〕

相模守平時房〔裏花押〕

この文書は、鎌倉幕府の執権である北条泰時《やすとき》と、彼の叔父である連署《れんしょ》の北条時房の二人が、鎌倉按察殿と称された将軍藤原頼経の御意を奉じて、それを朝廷へ披露してくださいと伝えたところの執権・連署の連署奉書であって嘉禎元年（一二三五）のものである。

文章はすこぶる鄭重で、宛名はなくとも、それが朝廷宛であることは明らかである。内容は、高野山寺領の備後国太田庄の地頭の非法について、高野山衆徒からの訴状は預っておいたので事実をよく調べた上、処理をいたします。また、京都の六波羅探題《たんだい》（幕府の出先機関）北方《きたのかた》の北条重時・南方《みなみのかた》の北条時盛の両名にも、その旨は伝えておきました。このことをお上《かみ》にご披露くださるようにとの、鎌倉将軍藤原頼経殿の御意でございます。というのである。

文書は全部同筆で、「泰時・時房」の両人の名前までも各自筆を染めたものではなく、祐筆が書いたものである。宛先が朝廷であるので、執権・連署という、いわゆる執権政治の実力者も朝廷に対しては謹んで花押を文書の表に書かず、わざわざ紙背に書いて、謙遜の意を表明したのである。

こうした裏花押は、鎌倉時代の貞永ころから以後の中世を通じて、多く行なわれていて、鄭重と謙遜、謹んで申し上げるとの意を表現している。

また、裏花押のほかに、「文書の裏書をする」、つまりその文書を証文として、その証文の保証に、裏書的裏花押という場合がある。文書の紙背にも、「文書の効力」という働きがあることを忘れると、ことに表装された文書などについては見落とすものであり、また文書撮影などの場合は、しばしば撮影もれになるので、慎重に注意しなければならない。

このように、文書に加えた花押が文書の紙面の位置によって、いろいろと相違した意義を持つようになってくるのは、中世の特色であるが、前述したように、袖判・奥判・裏判などと数えることができて、これらはそれぞれに花押としての特性を持っている。

花押は元服以後

花押については中世の文書に、

御元服以前の間、御判形《はんぎょう》に及ばず候

とあるが、これは花押は元服によって開始されることを物語っている。元服は社会人としての人格の認定であり、訴訟の権利も元服によって生じてくるように、一人前の人間としての自立である。

現在とは違って元服にはとくに年齢の制限はなく、人それぞれの事情に応じて成人式をした。花押は「判始《はんはじめ》の式」と称する儀式があって、人格として尊重すべき性質のものであったが、鎌倉幕府の六波羅探題であった金沢貞顕書状に、

逐《お》って申す、禁忌の間、判形に及ばず候也、重ねて謹言

と見えるが、これは物忌《ものい》みのさいには、手紙に花押を書くことを遠慮する風習が鎌倉時代にあったということを示している。このことは、花押は、他人の代行に任せることなく、本人自身によって筆をくだすことと、また花押は自己の人格として厳粛に考えられていたということなどが、この貞顕書状によって推察できるのである。

花押は、人格そのものであると考えることが、花押の本質であり、属性である。そのことを極度に発揮すると、そこには文章の必要はなくとも、一個の花押があればもうそれだけで人格の存在は十分であった。何の発言もしないのに、それ以上の発言の効果があったということとなった。

そのような文書の一例がつぎの岩手県盛岡の「南部文書」である。北畠親房《ちかふさ》の子の北畠顕信《あきのぶ》が南部信光を薩摩守に推挙したときのもので、「推挙状」とか「挙状」と称する。これによって、信光は朝廷から薩摩守に任ぜられることになるのであるが、顕信の花押には、ここでは有力な効力を示すことになっている。

所レ被二挙申一也

〔花押〕（北畠顕信）

申二薩摩守一

大炊助源信光

正平十一年十一月十九日

注意したい花押の変遷

一個人の花押が、その人の生涯においてどんなに変遷していくかということについて、つぎの文書は、よくそのことを物語っている。ものの変遷はデータによるほかはなく、前と後の比較ができなければなすべき方法は見つからないものである。

薩摩の島津久長《ひさなが》は、蒙古襲来にさいして奮戦した有力な関東御家人であったが、彼はその生涯に花押を数回変えていて、それらの花押の変遷を記録した文書が「島津家文書」として伝来している。それは「島津久長判形《はんぎょう》変改次第」と称する文書であるが、その端裏書《はじうらがき》には、

はんのしたいをのちのためにかきをく也

と見えている。「判の次第を後のために書き置く」というのであるから、のちのちの証明のために作成されたことは明らかである。裁判に提出した証文に書いてある花押の真偽を鑑定することが最大の目的であって、それに対する資料として作成したのである。

せんせん（先々）より正和五年（一三一六）八月までは〔花押①〕

この御はん（判）せさせ給候、もとの御なのり（名乗）はたたなか（忠長）と候しを、このとしすわ（諏訪）の御前にて、御くしにまか（任）せて、八月一日よりは、ひさなか（久長）と御あ

らため候也、正和五年の八月一日よりはこの〔花押②〕御はんをあそはしかへさせ給候
　この時御なのりをひさなかと御あらため候
ふんほうくわんねん（文保元年）十月一日よりは〔花押③〕
この御はんを御さため候てあそはし候
　のちの御ふしん（不審）のために、かきしるしておかるるところ也
　文保元年（一三一七）十月一日
一　元応弐年（一三二〇）閏四月十四日よりは御いたわりによて御はんなし
　　〔花押④〕〔花押⑤〕〔花押⑥〕
一　正中弐年（一三二五）卯月（四月）十一日よりこの御はんをせさせおはしまし候

とあって、花押が①〜⑥まで書かれているが、その中の④と⑤は書き損じたために、墨で塗抹《とまつ》して、あらためて⑥に書きあらためている。

ここに書かれている花押には生気がなく、それらが本人の久長の自筆ではなく、他人が模写をしたものであるということは一見して明白である。

島津久長は生涯を通じて、一個人でもって都合四種の花押を有したのであるから、後日の混乱を防止するために、彼の家臣がそれを憂慮して、このようなメモを作成して後世に残したのであった。

武家である島津家には、久長が花押をした種々の証文が伝わっているので、こうして久長花押を明

確にしておかないと他日混乱が生じて、これは花押が相違するから偽文書（当時の言葉では謀書《ぼうしょ》と称した）ではないかなどという疑問が生じたりすることもあろうと、慎重に対策を講じたものである。久長が花押を変更したことの原因・理由も、そこに示されていることは、花押研究の参考になるものである。

彼ははじめ忠長といったが、正和五年八月一日に、薩摩に勧請《かんじょう》して祀った島津家の氏神の諏訪大明神の神前にて、神の御籤《みくじ》をとって、それによって久長と改名した。八月一日は八朔《はっさく》と称して、中世では吉日の一つであったから、その吉日を選んだものである。

このように、花押の変遷について、正確なメモが作成されていると、その年の不明な文書もこの花押メモを基準にして、文書作成の年代の推定ができるのである。そして、一般的にひろく応用すると、花押のデータによって、文書の作成年代の推定ないしは決定が可能になってくる。

蒙古襲来で有名な竹崎季長《すえなが》の「置文《おきぶみ》」が、熊本の塔福寺に伝来し、近ごろ国の重要文化財に指定された。それに、

このをきふみ（置文）は正をう（応）六ねん（年）にさためをく（定置）といへとも、正わ（和）三年にかきあらた（書改）むるあいた、はんきゃう（判形）にいたて（至って）は、こ（後）の日のはんをす（判据）、ふしん（不審）のためにしひつ（自筆）をもて（もって）、かきおくところなり、

正わ三年正月十六日　ほうき（法喜）〔花押〕

竹崎季長は入道して「法喜」と号したが、この文書の内容は、

「この置文は正応六年（一二九三）に定めて置いたが、それから二十余年を過ぎた正和三年（一三一四）に書き直したので、その花押については後日（正和三年の）の花押をしておいた。後日に不審が生ずることを心配して自筆でもってそのこと、つまり、花押が二十余年以前のものとは相違している事実を明記しておく、として終りに新しい花押をした」

というのである。彼もこの二十年間に花押を変えていたのであって、そのことの理由としては出家を動機にしていたのであろう。もう一つこの季長の花押について重要なことは、鎌倉時代の「貞永式目」には、「後判が前判を破る」ということがあって、それは前の花押とあとの花押についての法的な効力を示したものであった。

足利幕府の管領家を世襲した細川氏の、最後の権力者であった細川晴元が、その怨敵である同族の細川氏綱征伐にさいして、京都の東寺の境内にあった八幡社に捧げた願文《がんもん》に添えた書状には、

「些《いささ》か思うところがあるによって、少しく花押の形を変えた」

と記されているが、この細川晴元書状は、天文十四年（一五四五）のもので、つぎに示すとおりである。

就㆓逆臣怨敵追罰儀㆒、以㆓願書㆒如㆑申候、於㆓当寺八幡宮神前㆒、可㆑被㆑抽㆓祈禱丹誠㆒候、仍此書

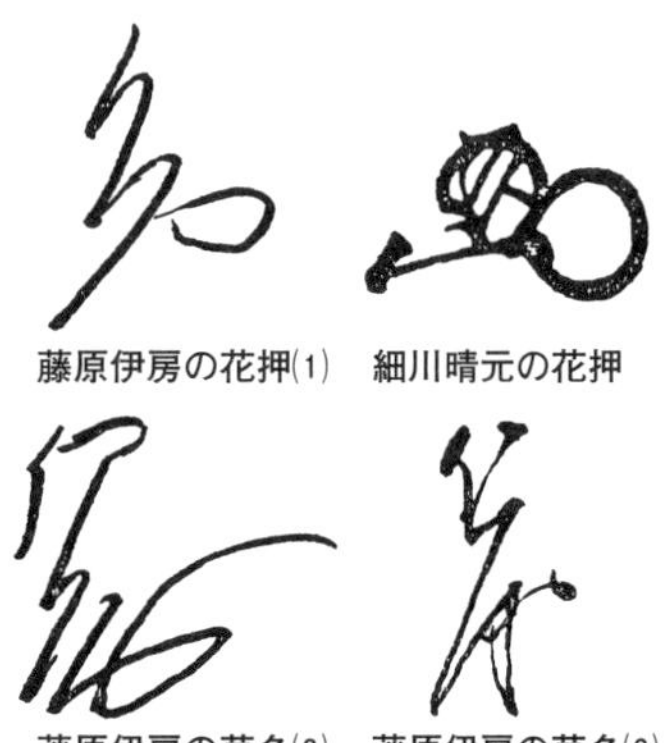
藤原伊房の花押(1)　細川晴元の花押　藤原伊房の草名(3)　藤原伊房の草名(2)

札判形依レ有二存分一、少改レ之候、可レ被レ得二其意一候、
猶波々伯部伯耆守可レ申候、恐々謹言
七月五日　晴元〔花押〕
東寺衆徒御中

これも花押変更の動機が、怨敵の征伐であり、その勝利を神仏に祈念すべく、かくは花押の一部を変えた次第であるが、それをいかように理解し、解釈すべきであろうか。それは花押を自己の人格とする観念より発して、それを変形することによって、怨敵を殲滅させて、相手を仆さんとするということであろう。

この晴元花押を、このときキを从に変えている。そのような些細なことにどんな意味があるだろうかという疑問もたしかにあろう。しかし、そこは一つの信仰とか信心というものであって、第三者には理解はむつかしいことであろうが、元来「神だのみ」ということは、むつかしい理屈ではないのであり、晴元の真剣味は、このことによって十分わかる。

晴元と細川氏綱の争いは、この後、大きく発展して、三好長慶や本願寺光教らを敵方に山城・摂津・河内・丹波などの各地に戦いは拡大した。結局は天文十八年（一五四九）に晴元は敗れて、京都から落ちのび、摂津富田《とんだ》の普門寺で死んだので、管領家の細川氏はここに滅亡した。結果的には、花押を変化させ工夫してみたところで、なんのご利益もなかったことになった。

『花押彙纂』のこと

この稿のはじめに「大徳寺玉室消息」を示し、玉室禅師が足利時代の大徳寺の養叟和尚の墨跡鑑定をした時、その筆跡以外に養叟花押を重視したことを述べ、『花押かがみ』とか『花押譜』などと称する花押集を根拠に調べてみても、なお不明のことが多いと記した。

それは人は生涯に花押の変遷を経験することが多いので、その人個有の花押を唯一のものと決めることの困難さを示したものである。

生涯における花押の変化には、段階的に個人差がある。ある人は緩慢な変化であるが、またある人は顕著な変化を跡付けることができる。人によっては、まったく別人の花押ではないかと見間違うような著しい変化を見せる人も少なくない。

確かに先の玉室和尚のように、花押は文書の鑑定には有力な参考となる場合もあるが、時によっては何の役にも立たないことがある。それは花押には定着性がないということを物語っている。古文書学に花押を利用するためには、詳細な花押のデータ蒐集による花押台帳が完備されることが必要である。これを公の研究機関などが管理して、自由に研究者の閲覧に供してほしいものである。

東京大学史料編纂所には、『花押彙纂《かおういさん》』と称して、花押を五十音に配列したものが「編纂備用」として具えてあるが、所員以外の閲覧はできないのが残念である。同所にはこのほか『印章彙纂』なる印章集もある。

これらはいずれも直接に原本を精巧に模写した花押・印章集であって、原寸大である。しかしこの二つの資料は、やや正確性に欠けていて絶対にして誤りなしというほどの信頼性は望めない。

私は、それが学術的にも完全であることを祈りたい。そして、私のような民間の研究者にも利用のできるような寛容な気持を持ってほしいものである。

藤原伊房の署名と花押

上代には草書体で自署していたものが、草名体の花押となり、それがまた花押へと遷っていったその過程をよく示しているものとして、ここに図示する藤原伊房《これふさ》の署名と花押（七〇頁図）がある。

(1)は延久二年（一〇七〇）の「官宣旨《かんせんじ》」という東大寺文書に見える。伊房が左中弁という、太政官庁の弁官として太政官から出す文書に、草書で「中弁藤原朝臣〔草名〕」と署名をしているもの。

(2)は左大弁に昇進してからの書状で、これは完全に花押となっている。草書の署名から極度に筆を省略して花押としたものであるが、その進化（？）の過程《プロセス》がよくわかる。

(3)はもう一度草名へかえった書き方である。これも彼の左大弁の弁官時代の書状に署名したもので、

(1)よりははるかに変化し、草名体花押となってはいるが、(2)の花押とは相違し、草書の面影をとどめている。

こうして、平安時代の後期の後三条・白河・堀川三天皇の時代を高級官僚として生きた伊房――永長元年（一〇九六）に六十七歳で死んだ――個人の花押の変遷をこのように観察できるのは初期花押史上においては、珍しい例である。

足利一族の花押

栃木県足利市の鑁阿寺《ばんなじ》は足利氏の氏寺であるので、足利氏関係の多くの文書が伝わっている。足利氏は清和源氏で、源義家の孫義康《よしやす》が下野足利庄の地頭になったことに始まる。その後、源平の争乱には源頼朝に従い、子義兼《よしかね》以降は北条氏と通婚、鎌倉幕府に権力を得て繁栄し、その後、尊氏の出現となる。

この寺に北条時政の娘を母とし、泰時の娘を妻に迎えた足利義氏《よしうじ》の文書がある。義氏の花押（七四頁図）は、仁治二年（一二四一）二月の文書と宝治二年（一二四八）七月六日の文書に見えているが、両方とも同一花押で、「義氏」の二字からなる二合体花押である。

武家の多くは家代々の花押を揃えて後世に伝えるということはないが、そのなかで中世後期、尊氏の出現により幕府を樹立し、将軍職を世襲した名門足利氏は、比較的よく代々の花押を整えている。

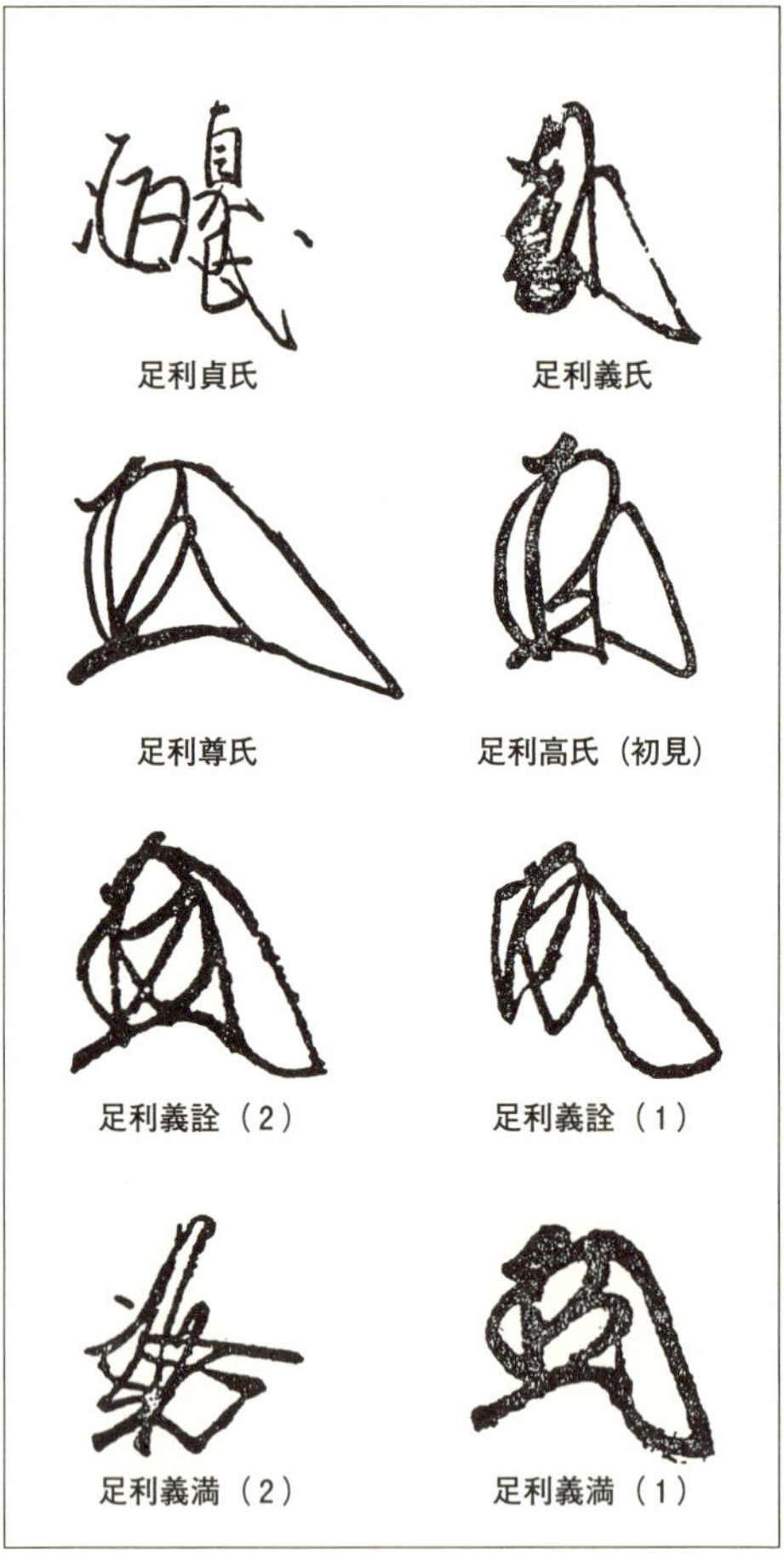

それは当然のことながら足利一族の古文書が群を抜いて多く伝わっているからである。

あとにも述べるが義氏花押は、足利氏の代々に一貫する基本的様式を具えた花押とみることができる。これは花押分類の一つの原則であり、また花押の特徴が厳然と世襲されていく好例である。

順を追ってこの花押の世襲的なようすをみてみよう。

尊氏の父である貞氏の花押は、「鑁阿寺文書」に見え、その年次は不詳であるが、文書には、

大御堂造営事其功等令二奉行一之条、非本意候之間、忩可レ致二其沙汰一之由存候、用途事且百貫文寄進候也、恐々謹言

十一月十八日　前讃岐守貞氏〔花押〕

とある。鑁阿寺大御堂造営について百貫文を寄進したときのものである。

つぎは尊氏の花押であるが、彼の花押は、足利氏のみならず、すべての花押の中で最高の美しさをもつとの定評がある。

尊氏は当初は高氏と称していたが、元弘三年（一三三三）後醍醐天皇の尊治《たかはる》の一字を賜わって「高」を「尊」と改名したということは周知のことである。

尊氏花押の初見は元徳四年（一三三二）二月二十九日付の「安堵状《あんど》」と称する文書に見えるものである。時に彼は二十八歳であった。この花押の特徴は縦が横に比して長く（四・二×三・七センチ）、したがって丈《たけ》の高い花押である。それが、のちになるにしたがって横へと伸びて平面体になっていく傾向にあった。

そこに、すこぶる安定感が生まれてくるのであって、足利幕府の開府と、彼が将軍になって源家を再興し、ともに頼朝の先例を再現し、権力も次第に頂点に達して、一応の安定を得たということが、かくのごとく自己の花押に反映したという見方が成り立つであろう。

図示した花押は、観応三年（一三五二）尊氏四十八歳のときのものである。寸法七・〇×九・三セン

チの花押は堂々として見える。

尊氏の子の足利義詮《よしあきら》は、元徳二年（一三三〇）に生まれ、幼少から鎌倉にあって「鎌倉大納言」と称せられ尊氏に代わって鎌倉府の基礎を築いた。貞和五年（一三四九）に上京して室町幕政に参画し、延文三年（一三五八）に尊氏の死によって将軍職を継いだ。

義詮の花押は、彼が左馬頭であった十五歳から二十一歳ころまでのものが(1)である。そして二十一歳の夏には参議兼近衛の左中将となって花押が変化した。それがつぎの(2)である。

その後、多少の変化はあったが、貞治六年（一三六七）十二月七日、三十八歳で没するまでの花押には、変化はなかった。この両花押を比較すると一見しては、あるいは別人の花押ではないかと見誤ることもあろう。ところで、義詮の花押については、それを研究することによって、ほかに大きな問題の研究の参考になった。私自身の経験について、そのことをつぎに述べてみたい。これは私の花押研究の副産物とでも申すべきものである。

伝・足利尊氏肖像画にある花押

世に足利尊氏の肖像画として有名な「武将騎馬像」がある。高柳光寿博士の著書『改稿足利尊氏』には本図について、

故守屋孝蔵氏所蔵に尊氏の肖像があるが、これは像の上、中央に義詮の花押がある。それであ

るいは義詮の像とも考えられないではないが、古くから尊氏の像と伝えられている。尊氏の死後、その肖像を描いたのに、義詮が尊氏の像に相違ないという証判を与えたものと解してよいであろう。

これは騎馬の像で、大鎧《おおよろい》を着し、兜《かぶと》はなく、太刀を肩にかつぎ、背に負った六本の矢のうち一本は折られており、戦陣で敵に向かって突入しようという姿で、眼光煌々《こうこう》、勇気凜々《りんりん》、まことに颯爽《さつそう》たるものがあり、その風姿は「梅松論《ばいしょうろん》」以下にいうように、心剛《ごう》にして身命を捨つべきに臨んで、なお笑を含んで、さらに畏怖の色がない、というのとよく合致するものがあるといえる。この一文はよく歴史学者の説を代表したものである。この画像について、私は「守屋家本《もりやけぼん》の伝《でん》足利尊氏像の研究」と題して、美術雑誌の「国華」（九〇六号と九〇七号）に発表したことがある。その大要を以下に略述する。

画像の大略については高柳博士の説明で十分つくされているが、騎馬武将像の頭上に義詮花押が墨書されていて、その花押は縦八センチ、横一〇センチある。数多い古文書に見える義詮花押には、このような巨大な花押はまったく見ることはできない。

文書の義詮花押の巨大なものは、正平六年（一三五一）十一月二十五日の、「入江文書」に見える花押で、これは縦七・五センチ、横七センチある。広島県尾道市の浄土寺の文書には、彼の二十一歳のときの花押と貞治六年（一三六七）六月二十五日の死の半年前二つの花押の見える文書が伝わっている。

さて、先にも述べたように古文書学上から研究した花押には、いずれも書式がある。それを称して「書札礼」という。書札についての礼式という意味である。

袖・奥・裏の各花押はそのあるべき場所が規定どおりに存在していて、無意味な書き方は許されないのである。許すとか許さぬとかいうことは通用する、通用せぬということである。

私の新説というのは、この方則を適用して考えたことである。義詮が父である尊氏の頭上に、自己の花押を平然として敢えてするであろうか。そのようなことは不作法、不遜なことであるということであって、とうてい中世には許されないことであった。その点に問題はあるとそう私は考えたのである。このことについて大いに参考になるものに、同じ将軍であった足利義教像（重要美術品）が愛知県一宮市の妙興寺にある。

それには義教の子・将軍足利義政の花押が、義教像の右の、ちょうど義教の背後に相当する箇所に、「妙興寺常住（花押）」と、五字の文字と花押を義政が染筆している。この像は左斜め向きの坐像であるから、左端は「上座《かみざ》」となる。その反対の方は「下座」となり、その右端に花押をしているので、書札礼には十分にかなっている。

もう一点参考になるのは、中村直勝博士蒐集文書の「足利尊氏自筆神号」である。これは絹本（縦六七・二センチ、横二六・二センチ）に墨書したものである。

□（黒印）　八幡大菩薩　〔花押〕（尊氏）

となっている。尊氏の花押が神号の下にあるということは、やはり書札礼に従ったものということになる。

ただ少し疑問に思うことは、神号の上部の方印《ほういん》である。この印文は「天山」であり、それは尊氏の孫の足利義満の道号であって、しかも朱印でなく墨印であることなどに疑問が残るが、当然ながらこれは後印とて、尊氏花押には無関係である。

さて、私は花押の研究から、本画像は尊氏像ではないとの結論を出して、新説としてこれを発表したが、それでは本像は誰の像であるかというつぎの疑問が出てくることを予想して、さらに考察を加えた結果、私は、これは義詮を補佐した管領の細川頼之の像であるとの推定を下した。

これが頼之であるなら、その主人である義詮が花押、評判をすることにはなんの矛盾もないこととなる。その上にこの義詮花押にはなんらの疑いもなく、これは、「彼の晩年の花押であることには最早や何人も異論を挿しはさむ訳には行かぬであろう。このことは本画像の製作年代の決定にも密接な関係が生じて来るであろう」と先の論文を結んでおいた。

鎌倉幕府法は、偽文書を謀書《ぼうしょ》と称した。謀書をした庶民の犯罪者には、その頬に火印・焼印を押すこととなっていた――この謀書の取締りは、律令時代以来、厳重に取締ったが――謀判をも含めて、その文書における花押の加えられている位置については、真偽判断の一つの材料となっていた。花押の位置はきわめて厳重であったことを再考する必要があろう。

筆順を失った花押

尊氏の弟の足利直義《ただよし》は、副将軍に相当する実権者であったので、尊氏との協力は破綻を招いて、自害し果てることになった。

この直義の花押（左図）の(1)は、建武三年（一三三六）のものであるが、兄の尊氏花押に類似していることは一見して明白である。

(2)は暦応四年（一三四一）の花押で、わずかに五年後であるが、著しい変化を見せている。その変遷の理由を、こうした花押の変化を媒介として考察することもまた、歴史の研究として意義がある。

(3)は、貞和五年（一三四九）のものである。京都の「若王寺神社文書」のこの年の閏《うるう》六月二十七日付「左兵衛督源朝臣」の下にこの花押が見えている。縦八センチ、横一〇センチにも及んでいて、恐らく、特殊な制札のような板にあるものを除くと、文書の花押としては史上最大のものといえるであろう。この特大の花押の理由も他日充分の考察を加える必要がある。

以上、これまで見てきたとおり、足利型という基本からは逸脱していない。そうしたところにも、花押研究の問題点があって、花押に見る「一族」という、その範囲・社会性を重視せねばならない。

足利直冬《ただふゆ》は尊氏の子として生まれ、直義の養子となった。が、父の尊氏からは疎外された。その直

足利直義（2）

足利直義（1）

足利義持（2）

足利義持（1）

足利直冬（3）

足利直冬（2）

足利直冬（1）

足利直義（3）

足利義教（2）

足利義教（1）

足利直冬（5）

足利直冬（4）

足利義昭（3）

足利義昭（2）

足利義昭（1）

足利義稙

冬の花押は、図示のように五種ある。

(1)は貞和五年（一三四九）四月七日のもので、(2)も同じころである。それが翌年の正月十四日のものになると(4)のように、全容が一変してしまっている。当然それは、直冬自身の心境の変化を意味していることとなろう。父尊氏との抗争は激化し、このとき尊氏は直冬の討伐を高師泰《こうのもろやす》に命じ、直冬は九州へと四国から逃れ赴いたのであった。

(3)は(4)へと変わったその過程のものである。それが(5)のようにまたまた変わっているのである。(5)は正平十八年（一三六三）十月十四日の右兵衛督時代の直冬のものである。

足利将軍三代は義詮の子の義満である。彼は祖父尊氏も父義詮にも昇進し得なかった高位の准三后・太政大臣という高位・高官に補せられて、公卿の列に加わった。武家でありながら、彼は公卿化することをしきりに望んだ。（八一頁図）

(1)は尊氏以来の武家様《ぶけよう》花押であるが、義満は、足利将軍として、はじめて武家様花押のほかに、(2)のような公家様《くげよう》の花押を併用するようになった。(1)(2)は伊勢貞丈の分類した「一字体」花押で、それは「義」の字を基本として変化させたものであり、義は将軍の名の「通字《つうじ》」でもある。通字とは、その名の一字を代々同じくするということである。

義満の夫人は、権大納言日野時光の娘日野業子と、権大納言裏松資康の娘裏松康子の二人がその室となっていた。義満自身は後小松上皇の御落胤であるともいわれている。

後花園天皇の実父の伏見宮貞成親王の日記の『看聞御記《かんもんぎょき》』には、そうした当時の公武両社会の情事がよく描かれているが、将軍はそうしたなかにあっても、なんの拘束もなく、自分の欲望のままに行動している。最愛の妻を将軍に奪い去られる公卿もあって、悲嘆に暮れていることに貞成も同情して「薄氷《はくひょう》を踏《ふ》むの世である」との嘆声をもらしている。

将軍足利義持は、義満の子であるが、その生母は醍醐三宝院の坊官安芸法眼の女である。しかも義持の室は、父の室の裏松康子の妹の裏松栄子であるということも、まことに異例の縁組みであろう。この時代は情事のほうも乱世であった。

この義持の花押は、貞丈の分類した「別用体」花押である。自分の名には関係のない文字、さらには記号・符号の類へと変化する室町時代の花押は、戦国時代の武将の花押に水鳥の花押さえ出現させた。応永・享徳（一三九四～一四五五）のころに書かれた、権大外記《ごんだいげき》・中原康富の日記は、花押に関する重要な文献である。この日記の文安六年（一四四九）四月に、義政将軍（はじめは義成と称した）の花押に関する記事がある。

これによると、この四月に「御判始《ごはんはじめ》」と称する儀式が予定されているというのである。判とは花押のことであるから、

御判のことは御名字《なのじ》を草書に書くことと、或は別字《べつじ》をもって作られることあり、何れの字をもって作らるるか、……鹿苑《ろくおん》院殿・普広《ふこう》院殿両代は義の字なり、勝定《しょうじょう》院殿御判は慈の字なり。

と記している。これは花押作成を幕府内の識者と紀伝儒者《きでんのじゅしゃ》らが、ともに協議したと記してあるから、そうした学者らに命じて考案させたものであって、その先例として鹿苑院義満と普広院義教は義の字、勝定院義持は慈の字の花押であったというのである。

義持の花押が「慈」の別用体花押であったことがこれで明らかになったが、慈は政治理念を意味している。

花押の発展の歴史の上に、自己の名とは無関係な、いわゆる別用体という花押が出現してきたことは、なにを意味するのであろうか。

それは平安時代の十世紀から六世紀を経過したこの十五世紀に至っては、もはや花押の本来の意義というものが忘れ去られたことを明白にしている。私は足利のこのころから戦国時代は、花押の崩壊期であると考えている。その反対側には印章の全盛期を迎えていたのであって、これによっても花押は印章に深い関係をもつものであることがよくわかる。したがって研究の上では、この両者を切り離すことはできないのである。

さて足利義持の花押は、「慈」の一字の別用体であって、以下のものがそれである。（八一頁図）

この花押(1)は応永十六年（一四〇九）のころ、まずは初期のものである。ところが、(2)はその後約二十年を経た応永三十四年（一四二七）の花押で、花押の一部が著しい変化を見せているのに驚く。これ以外、義持花押の多数を集めることによってその「尻尾」のようなものの伸び工合がよくわかる。

その伸び加減を測定し利用することによって、花押の年代推定が可能となり、無年号文書の年代推定に応用することができる。

実測すると、(1)の尻尾は三センチで、(2)の尻尾は七センチと次第に伸びている。そこに、いかような意味を発見できるか、人間心理研究の好資料のようにも思われる。

つぎの将軍義教の(1)は武家様、(2)は公家様である。これらにも彼の生涯の変遷が当然あるが、その変化は著しいものではなかった。（八一頁図）

十代将軍義稙《よしたね》の花押は、延徳三年（一四九一）のものである。（八一頁図）

十五代にして最後の、将軍足利義昭の花押は、(1)はともかくとして、(2)は彼が永禄十一年（一五六八）十月十八日に将軍になってから直後の、十一月九日付の「離宮八幡宮文書」に見える花押である。幾何学模様のようなこの異様な花押は、さらに(3)の花押をともなう。この(3)は天正四年（一五七六）十月十日の「小早川文書」に見える。（八一頁図）

これらの花押には、花押の本質的要素である筆勢はすでに消滅し、筆順も失われていて、これを書くにはどのようにして書いたものであるのか、それも容易には判断できない。

したがって、このような花押を将軍義昭が自身で筆を執って書いたものかどうか、そのことさえも不明である。こうなると署名ということと、また違ってきて、あるいは印章による捺印・押印という行為にむしろ近似しているようにも想像し得よう。

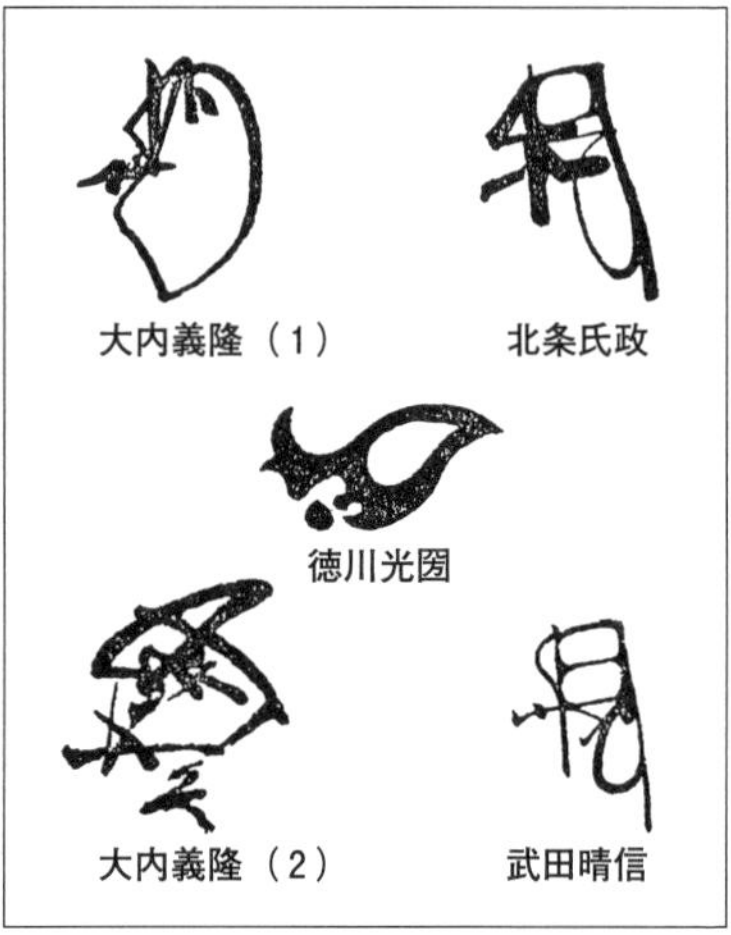

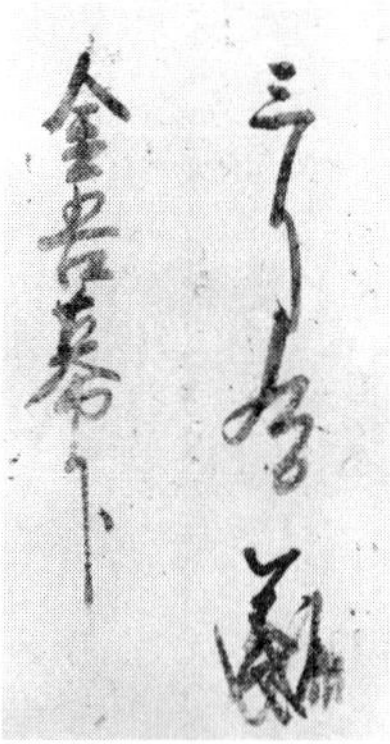
大内義隆の花押

あとにも述べるように、花押を版刻にして押すことの初見は、私の研究では鎌倉時代中期以降に見られる。そこで、このような花押の輪郭を版刻にして、それを押したあと、その輪郭の空間を墨で埋める。いわゆる「双鉤塡墨《そうこうてんぼく》」である。なんとしてもこうしたことは変則であり、花押の終末期ということとなろう。

花押研究の重要性

戦国時代の北条氏政の花押（右図）も義昭花押と同類である。

十六世紀後半の永禄年間のこのような花押を観察すると、花押の線の一点に人為的に考案したと思われる空間のあることが注意される。

この空間には意味があるものと推定しながらも、未だ調べていないが、氏政は、この花押をどのようにして書いたものであろうか。氏政文書の数は多いので、花押のデータには密度も加わり、正確な成果の期待が持てるように思われる。

甲斐の武田晴信の花押もまた、この類型である。いずれの花押にも、その一筆の筆勢はなく、筆順もない。近世の徳川光圀の花押も、戦国のこのような流れを汲んだ花押である。

そうした戦国時代にあって、なお花押の源流を伝える草名体花押を保持した唯一の武将があった。戦国大名の大内義隆の花押（八六頁図）がそれで、その一つは、同図の(1)、(2)であったが、この大名の自筆文書には右下写真のものがある。義の字を真中において、隆の偏をその左に、旁《つくり》をそのまた右においた、まことに古雅な花押である。

そのような、いわば王朝的な文化の余香を解した周防《すおう》の義隆なる人物を解明する上においても、草名体のこの花押を一つの素材として考えるなら、これはなかなか重要な資料である。

ところで、私の花押研究の資料集中に、琉球中山王の花押（上図）があったので、ついでに図示した。

以上によって、私どもの知り得たことの中で、花押はその一族間では類型的であること、それは、その家臣とか、先生と弟子、これは僧侶社会では、「師《し》資《し》相承《そうじょう》」ということとなろう。そのようないろいろな人間関係を知る材料にも利用ができる。

そうしたことがよく研究されてくると、花押を見て大略のことが判明する。その上に花押の時代的変遷ということも重要であり、一つの花押を見て、すぐにその時代を判別することが可能である。こうして説いてくると、古文書学上の花押研究が、いかに重要な部分を占めているかということが、痛切に理解できよう。

戦国不信時代の花押

一個人で二種の花押を同時に併用するということは、花押発達の本筋から観察しても、またその本質を考えても、等しく逸脱したものであることには間違いはない。

そのような花押の複雑性が錯雑してくると、これを利用して信書の秘密保持に、花押を利用するという現象が出てくるのであった。それはやはり戦国という不信時代のことである。

山口県文書館に蔵する赤穴《あかあな》文書の赤穴光清文書に、

光清いつれも証跡の書状したためし時、判形に三様ありよくよく分別候て申付くべく候

とて、上・中・下の三様に同一形態の花押を、それぞれに考案を加えて、三通りの相違点を作っている。印章のほうにも同趣のことが、越後の長尾上杉氏にも考案されていて、永禄九年（一五六六）上杉謙信の「印判次第」という文書にその規約を記している。これがやはり東西ともに永禄年代とのこ

とである。

伊勢貞丈が、別用体と称した花押に属するものとしては、まず、戦国時代の武将のうちでは三好政康の花押がある。彼は足利家管領三好長慶の部下で、下野守を称し、入道して釣竿斎宗渭《きんかんさいそうい》と号した。三好三人衆の一人として、戦国の世に活躍、多くの三人衆連署の文書を京阪地方にのこしている。この水鳥の花押は、それらの地方の文書に見えている。

そのころ永禄の武将、宮崎之存《ゆきなが》の花押は前の三好政康の水鳥に相対して、右向きとなっている。政康を意識したものであろうか。その点は不明であるが、これらは戦国という時代の流行として出現したものであろう。花押の概念が、ここまで到達したことは、いかにも花押の衰退期を迎えたものであると思わなければならない。

また、戦国武将の真木島昭光の花押も鳥ではあるが、写実を離れたその姿は、なにをシンボルにしているのであろうか。

『続群書類従』の系図部に収めてある「喜連川判鑑《きつれがわはんかがみ》」は、その書名から花押研究の参考書ということとなろう。これは系図に花押が入れてあって、足利氏関係の系図花押集といった内容。奥書によると、元禄丙子五月に水戸の彰考館《しょうこうかん》が喜連川家の本を写したことが記してあって、元禄九年（一六九六）の転写本である。

しかし、尊氏の花押も義詮の花押も、似ても似つかないものとなっているので、参考にはならない。

学問の進歩ということにも関係はあるが、世間にはこのような程度の信頼のできない本が今日でも少なくないから警戒しなければならない。

文書に見える花押を鑑定して、真偽を確認しようとするには、その基準となる正確なものによるべきであろう。水戸彰考館においても、古文書学はまだその端緒も萌芽もなかったものであるから無理もないことである。

版刻花押

先年、私は慶応義塾大学附属図書館で珍しい文書を閲覧することができた。それは、永仁三年（一二九五）五月十二日付の「供米《ぐまい》請取状」と称するもので、ある寺の寺領から毎年納入される年貢米の請取状である。特別の必要のないかぎり、用がすめば破棄されてしまう性質の文書であるから現代から考えても、格別に価値のある古文書ではない。つまり商売人が書画骨董として売買し得るようなものではない。多分、その寺は東大寺であろうと思われるが、寺のほうには数棟の米蔵があり、各倉庫には蔵主があって、倉の収納支出の管理責任を負担していた。

寺のことであるから、役僧がそれにあたるのは当然のことであり、この文書には「第五番蔵主大法師信長《しんちよう》謹んで請取る」とあり、米は「去年六月分九斗」となっている。

この役僧の他に「請使竜王丸」なる者がこの請取書の差出人となっている。人名の「丸」というのは、牛車の牛飼《うしかい》、つまり御者《ぎょしゃ》などはみな何々丸と呼ばれているから、寺男に該当する人物であろう。この男が、蔵主の役僧の補佐をし、倉庫の労働力を担当したこととなる。

ところで、この文書の袖判《そではん》が、私にとっては、実はこの上もなく貴重な研究資料となった。花押を調べると、高さは三・五センチあって墨色ではあるが毛筆で書いたものではなく、明らかに木版《もくはん》で押したものである。私はこれまでに、戦国時代の武将が版刻の花押を文書に押しているのをしばしば実見したが、鎌倉時代のものはこれが初見である。

福島県いわき市の飯野八幡宮にある、岩城親隆の永禄十二年（一五六九）霜月（十一月）三日の起請文に、黒印になった版刻花押を見たが、古河公方《こがくぼう》の足利高基の版刻花押は、栃木県足利市の鑁阿寺《ばんなじ》をはじめ、関東の各地で見てきた。

従来は高基の墨書の花押であると、うっかり多くの人々が思い込んでながめてきた、高基花押をあらためて再調査してみると、こうした版刻花押が意外に多いことであろう。

また、山梨県塩山《えんざん》市の向岳寺の文禄三年（一五九四）二月五日の浅野忠吉（浅野長政の重臣）の書状は、九五頁の図のように二重郭に忠吉の二字と花押が刻されている。

このように、版刻花押を見てきたが、この「供米請取状」を見て、私が歓声をあげたのも無理はなかろう。実にこれは戦国時代の版刻花押の源流となるものであること、そしてこの文書をもって最古のものであるということの断定を下し得たからであった。

この文書の寸法は二八×三九センチで、表装した一幅の掛物であったが、かすかに、裏になにか書いてあることと、その紙の中央に縦に折目の筋が付いていること、それを私は確認したのであった。

この文書は、請取証文の役目がすんだその後は反古紙《ほごがみ》になったが、それを二つ折りにしてこの寺の僧侶が仏教関係のなにかを書写するために利用し、これを聖教《しょうぎょう》と私どもは称しているが、その聖教を書写してこれを冊子《さっし》の本に綴じた写本として後世に伝わったのである。

これと同類、年次は同じ永仁三年五月三十日と正安二年（一三〇〇）のものも伝わっているが、多分これら三通の紙背は、同一の聖教の写本であるだろう。つまりもとは一冊の写本となっていたものであるに違いない。

この文書の請使は竜王丸、他の一通のは松王法師《まつおうぼうし》とあって、彼らはともに文書の発信人であるにもかかわらず、自己の花押はしていない。

これは何故であろうか。それは身分が低く、自分の花押を持ち得ないからであった。身分の低い下賤の者には花押はなかったのであって、このことは後述する。

この文書の蔵司の大法師信長は、倉庫管理人であり、その責任において請取状の袖に花押をしたのである。この請取状は返抄《へんしょう》と称して、その発行する枚数は多数であり、また発行の年間の回数も多いので、彼、信長大法師なり、また他の法師の一人の信顕も一通ごとに墨書の花押を書く煩わしさを避け、自分の花押を版刻にしてそれを袖判に代えて、請取証文の証判とした。

そうした使用目的を調べると、もう一点その証明の補強として、朱肉でなく墨色としていることにも注意が必要である。印章のほうでも、朱印は黒印より優位にあるからである。版刻花押の使用は、こうした特殊の場合に限って使用したのであった。

これについて、元応二年（一三二〇）十月の文書の袖判に、これも黒印のようにして使用している。黒印のようにといったのは、版刻花押というものは花押であるのか、印章であるのかそれを区別することは無理になってきたからである。そのことは室町時代になると、いっそう区別ができがたくなる。

花押型

熊野那智大社文書は、近年活字化されて便利になったが、古文書の研究には一向に役には立たない。私は那智のお山の文書をたびたび拝見に参ったが、あの感激は活字本からは、その片鱗さえも味わうことはできない。

それは応永三十年（一四二三）十月八日新禰宜《ねぎ》の法師丸檀那《だんな》売券である。この文書の差出名は九五頁のようになっている。

外観は確かに墨色の花押であるが、これを詳細に見ると、筆軸に墨をつけ、押して円をつくり、その左右に毛筆で模様を加筆している。筆軸に墨なり、朱をつけて文書に使うことは筆印《ふでいん》と称され、鎌倉時代の正嘉二年（一二五八）の文書を初見として以降、多く花押・印章の代用として使われている。

これを試みに活字体のほうで見ると、活字で、

新ねきの法師丸〔花押〕

となってしまっているので、これでは学術上の重要な資料がまったく死滅してしまったことになろう。おおいに考えてほしいと思うが、多分読者も同様に思われることであろう。

近ごろ、お伊勢さんの文書に、花押のある文明三年（一四七一）九月十六日光阿譲状というものを見ることができた。この外郭の正円は、直径三・四センチであるから、茶碗の糸底を利用して、それに墨をつけて押した上に、その中に毛筆で自分の花押を書いたものである。なかなか気のきいた花押であると私は感心した。

那智山へもう一度もどるが、「檀那売渡状」のなかに、文明十八年（一四八六）三月二十四日の大石光陽坊幸斎《こうようぼうこうさい》売券をそこに見出した。熊野御師《くまのおし》は、全国に檀那があって、各自が数ヵ国を管理し、師檀関係を保っていた。それは御師の財産権として売買のできる持株であったので、こうして熊野には檀那売渡状と称する中世文書の数はおびただしい。大石光陽坊幸斎も、そうした修験道《しゆげんどう》の御師である。その売券の差出名「大石光陽坊」の下には、図示のような印章が黒印として押してある。

これは明らかに木印であって、将棋駒の形をしている。そして外郭には溝があり、中に「幸」の一字を、その下には花押が刻してある。

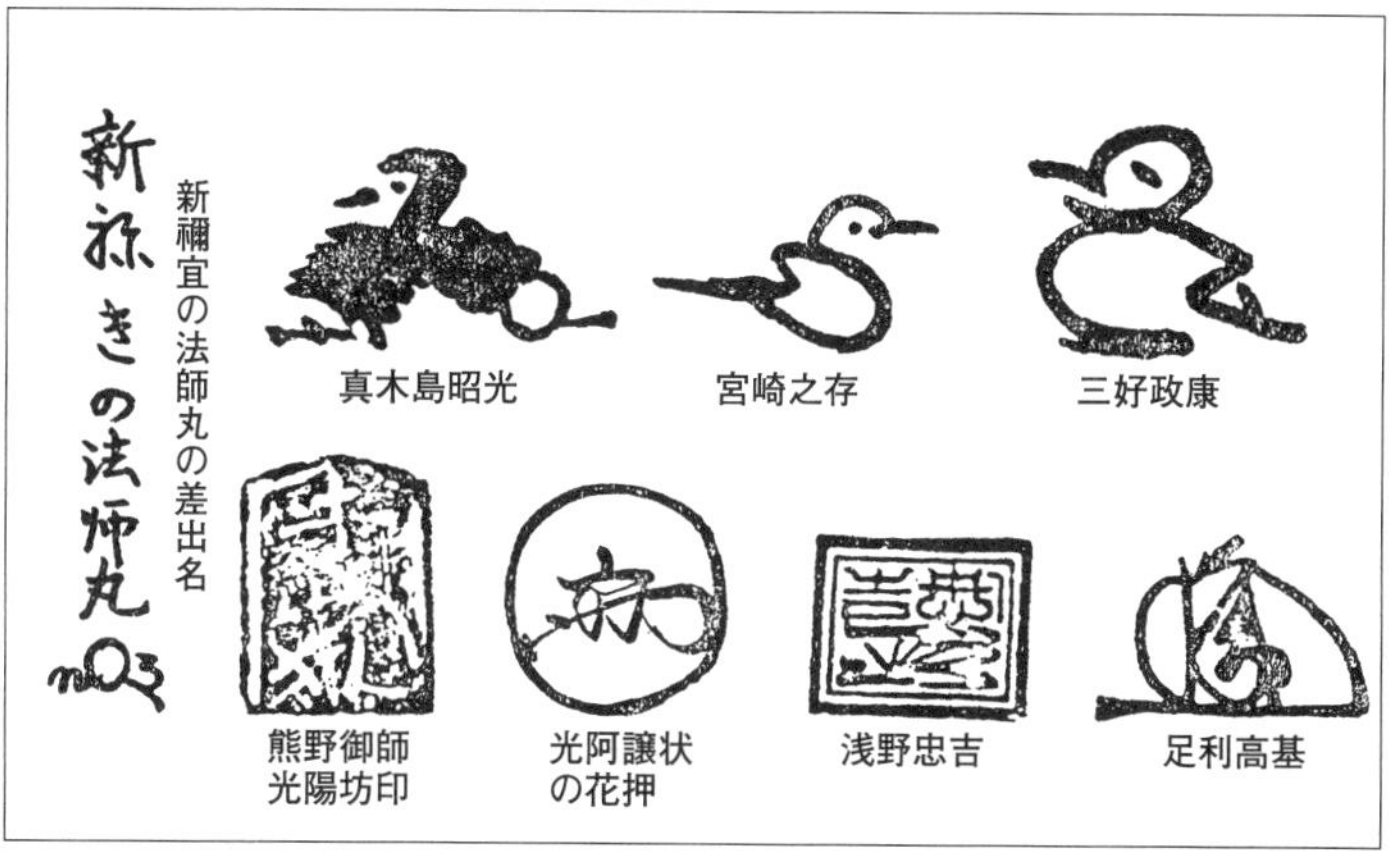

この幸は幸斎の幸で、これも単に印章であるとは見ないで「花押型」の名称によったほうがより適当である。つまり、版刻花押の一つとして花押型と称するものである。

こうした名称そのものも、私が勝手に称していることであって、そのような版刻とか花押型などについて、一般の研究者の関心はほとんどない。

これらのことについての学界への紹介も、私だけの仕事といってもよいであろう。そのような紹介をしてから、今や数年を過ぎたが共鳴してくれる人は一向にない。気を長く待つのほかはないが、私自身はけっこう心楽しく研究に心を傾けている。

この熊野那智社文書の十二月二十七日付で「遠州より」とある、徳川家康の重臣本多作左衛門尉重次書状もその花押は花押型である。

元　押

熊野那智大社で見た珍しい光陽坊の花押型に関連するものに「元押《げんおう》」というものがある。中国の南宋のつぎの王朝で、鎌倉時代から室町時代の明の建国のときまで続いた国である元の国で流行したというので元押と称する。

中国の民間で使われ、やはり木製の印章の一種であるが、上の方に趙とか李などという姓を、そして下方の花押を入れて刻した長方形の小印章である。これは光陽坊の花押型と一致している。

そこで、未解決な問題ではあるが、この光陽坊の花押型は「元押」の影響によるものかどうかということである。これは今後の研究課題ではあるが、またいっぽうでは、私はまだ光陽坊花押型に類した、この種の花押型の押されている文書を那智山のほかでは見ていない。はたしてそのようなものに今後遭遇することができるであろうか。そのことへの大きな期待を持っている。

印判は花押の代用

このようにして中世の後期には、花押と印章は、その区別ができないようになったようであるが、いっぽうでは厳とした上下と軽重の区別はあったようである。

天正九年（一五八一）二月二十三日武田勝頼書状に、「手裏病候の間、朱印を用い候」とあるが、これは本来ならば自身花押を加うべきであるが、あいにく手をわずらっているので、まことに申し訳なく、失礼ながら代わりに朱印を致しました、ということである。

また、慶長十六年（一六一一）に没した島津龍伯（義久）の手紙には、方四・一センチの方形朱印が押してある。印文に「藤原龍伯」とある立派な印章であるが、その手紙に、

猶々当時所労故、愚判まかり成らず候間、近来慮外ながら印をおし候

と見えている。黒田長政の書状にもこのようなことがあって、病気そのほか事故や支障によって花押が書けないので、慮外ではあるが印判をしたのでお許し願いたい云々ということは、花押の方が正式であって、印判はその代用であることを意味していて、しかもそれが近世初期という新しい時代のことである。なおこのような花押の崩壊期において、このように花押を「重」とし、印章を「軽」とし

たそのような考え方は花押と印章の歴史の上で考えて見たい課題である。

主流を占めた明朝体

さて江戸時代には、明朝体《みんちょうたい》と称して天と地に、つまり上と下に横線があって、その中間にいろいろと工夫をするという形の花押があった。中国の明朝式というところからこのように呼んだ。徳川家康の花押（九七頁図）はそれである。それ以後の秀忠以下の将軍は、みなこのような花押である。

しかしこれはそれ以前からすでにあったもので、通説では近世のように考えているが、少なくとも、南北朝時代から室町時代の花押について、再検討の必要がある。

それは明朝体という以上は、中国の明の時代に該当した、日本のこうした時代のものについて考えなおしてみることが必要なことは当然である。

図のような花押型を大名は所持していた。私は島津旧公爵邸で島津義弘の花押型を数個見ているが、こうした同類のものは各大名家には必ず伝来していたことであろう。

幸いにも、私が四十年の過去に見た桃山時代の島津義弘の花押型は、すべて東京大学史料編纂所へ譲り渡されているが、そのほかの大名家のもののゆくえはどうなったのであろう。学術上からも大切な資料であるから、どこかに保存されていることを祈りたい。

花押の七点

江戸時代には花押の七点ということがいわれて、それが流行した。七点とは命運点・愛敬点・福徳点・住所点・降魔点・眷属《けんぞく》点・知恵点をいう。

このほかに、ちょうど今日の印相の源流であろう陰陽五行説もある。やはり花押の衰退期の特徴であるといえよう。

私の研究室に、ある旅館の女将さんから数通の古文書の寄贈を受けたが、その中に一通、文政十二年（一八二九）十一月八日の「石龍子法眼相栄」なる人の「花押占書」というものがある。これは私にとっては珍しい貴重な資料であって、その文書には、

花押七点悉く備わり、五福無窮

とあって、その占いを求めた甲斐の武家の「長井龍太郎殿」なる人へ、折紙の鑑定書を出している。その文末には、

右福禄寿星の画也、珍重々々

と結んでいる。当時にあって、この長井氏は大変な占料を請求されたことであろう。

血判とその仕方

島津家文書の中に、元亀四年（一五七三）四月二十六日、米良《めら》美濃守重直という、日向国《ひゅうが》の武士が島津義弘に対して捧げた誓紙があり、その武士の花押の全部が血をもって書かれている。

これは、このときまで主君と仰いでいた日向の伊東義祐《よしすけ》を棄てて、そのころ島津忠平と称していたのちの義弘に新しく仕えるようになったので、義弘への忠誠は誓ったが、その誓いの程度を具体的に表現する一つの手段として、このように血書《けつしょ》の花押にしたものである。

島津家で見た文書の中に、女性の血判誓紙がある。それは島津家久《いえひさ》夫婦に奉公する女中衆二十人が名を連ねている。おちよ、おまつ、おたのなど、こうした大名家の奥女中は花押を持っているはずがない。

徳川将軍家の春日局《つぼね》には立派な花押があるが、奉公人の彼女たちは身分的にも春日局とは比較はできない。したがってここでは花押はないが、「おちよ」とあるその名の下に、血が付着している。

明らかにそれらは血判であり、それは誓約のしるしである。内容は七ヵ条あって、その箇条の数は、必ず偶数ではなく奇数にするのがきまりであった。十七条憲法、五十一ヵ条の貞永式目などはその例である。

まず、主人の島津又八郎家久のこととして、又八郎御夫婦にたいし奉り毛頭別心なく……いかやうの悪心の者ありて如何ばかりのことを仕候とも同心申さず、すぐにその旨を申上ぐべく候事　一主人の御上陰口《かげぐち》を申まじき事

いかにも大名奥方の女中生活のことを反映した面白い資料であるが、これは慶長四年（一五九九）七月二十四日付である。

血判誓紙といって、血判は誓紙・起請文に見られる誓約の具体化した一方法であり、主として武家社会の慣習法として重きをなした。そのことは戦国時代の一つの特色であり、武家社会を反映した現象としてこれをとらえる必要がある。すなわち、一言にしてこれを語るなら、相互信頼の不信ということで疑心の世相によって生まれたものであった。

誓約は神仏を媒介とする神誓《しんせい》であるから、誓紙としては社寺から発行される護符である牛王宝印《ごおうほういん》紙を主として使うが、「牛王をひるがえして」と戦国時代の文書に見えるように、牛王宝印紙の裏に誓紙を書くのである。

宝印紙の使い方にはいろいろあって誓紙の一部分に、これを使うこともあり、牛王宝印のみに限ることもあった。神文前書《しんもんまえがき》という部分と神文という部分に分けて文書をしたためることもあった。前書には誓約の要件を記し、神文には神を勧請《かんじょう》するといって神仏の名を列挙した上で、それらのいわば八《や》百万《およろず》の神々に誓って嘘は申しませぬというのである。

このような誓紙にも簡略なものと、数紙を六、七枚も糊でつないで作成したものまでいろいろとあ

った。その差出人は誓約者自身であって、こればかりは代人は許されず、自身が、花押に血痕を印することとなる。

血判の血液は指の血であり、それは指を刃物を以って損傷し、その血を花押に付ける、それを「血を注《そそ》ぐ」といった。

血判は神前において行なわれる。たとえば、越後の長尾為景と小田原の北条氏綱の間において誓紙の交換がある場合には、越後から軍使――僧侶の軍使は使僧といった――がはるばると小田原城に来る。まず神前において、氏綱は榊《さかき》を手に神を拝礼する。

ついで、軍使の眼前で指から血を出し、誓紙の花押に注ぐ。軍使によって確認してもらう意味である。天正六年（一五七八）十一月の武田勝頼が上杉景勝へ送った書状につぎのようなことが書かれている。

勝頼誓紙の儀は御所望に任せて、これを認《したた》め、富永の眼前において、身の血を染めて、御榊を取り候

と、まるで勝頼の一挙一動を眼前に見るようである。

このような血判は、日本では何時代から生まれたのであろうか。また、気になることは、血判は日本特有のものであろうか。中国や東洋の国々にはないことであったのかどうか。中国には血盟《けつめい》ということがあるが、これは血を啜《すす》りあって誓うことと辞書にはあるが、間違っているかも知れない。辞書

には嘘もあることだから、うっかり信頼はできない。

研究の方法は文献と実物によらねばならない。実物に越す資料はないが、文献だけでも、その文献を鵜呑みにしないで、十分批判することによって信頼はできることとなろう。

血判は延元三年（一三三八）七月二十五日の肥後国菊池武重血判誓紙をその初見とする。これにつぐものは、同年八月十五日菊池武茂血判誓紙である。

この後、三年を経過した興国三年（一三四二）五月三日血判誓紙は、菊池一族である武貞・時基・武世・惟武・武澄と、ほかに源長弘の六名の連署血判となっている。

こうした血判誓紙は、何故に生まれたかというと、それは武家社会の構造に大きな革命がきて、その崩壊をみずから一族相互の協力により防止するためであったとまず簡単に説明しておこう。

これらの血判誓紙は、写真などによる場合には見落とされてしまうであろう。それは花押上の血痕が少量で、わずかな点となってその片影を紙上にとどめているに過ぎないからである。少量の血を花押に注いだからとて、その誓った心情にはまったく関係はないということを意味している。

こうした血判誓紙における血痕は、時代が降るにしたがって、次第にその血液の量の増加を実現している。豊臣秀吉に関係した諸大名たちが提出した血判誓紙は、その最大の量で、極度に達したものである。

文禄四年（一五九五）七月二十日の誓紙に、長谷川秀一は羽柴東郷侍従と称し、堀秀政は羽柴北庄侍従と書いた。

　そのように、各大名は、秀吉から下賜された羽柴の姓と官途、その下に花押があるという書式で、それらは計三十名の連署となっている。羽柴東郷侍従の六字は、その一字が大きいので一行といっても相当の長さになっている。約二〇センチにもなっているが、その下の花押もまた巨大であるから、そうした文字と花押を血痕が覆いかぶさっているということは多量の血液を注いだことを物語っている。この誓紙は六枚の料紙を継いで一通となっている。

　秀吉は姉日秀の子、つまり甥の秀次を養子としたものであったが、それが関白になってから不行跡が多いとして、文禄四年七月八日に高野山へ追放した上で、同十五日には自害させた。

　本文書はその直後に諸大名に対して、一子「おひろい様」（秀頼）への忠誠と法度《はっと》に違背せぬ旨を、五ヵ条の誓紙にして提出させたもので、文面から滲《にじ》み出している多量の血液は、秀吉の強制によって諸大名が出血したものである。

　いまは褪色して鮮血の面影は失せてはいるが、その当時は定めし凄絶な血潮の流れるようすをそこに見たに相違ない。

　菊池氏の血判が少量であって、しかも誓約は堅固であったことに相対して、秀吉へ捧げた血判は多量であったにも関わらず、その直後には早くも反古になり、信頼度は微弱なものであったこととなる。

血　経

こうした血判の源流は写経の一つに血経《けつきょう》と称して、薬師経などを血書することがあった。日本の血経の最古の文献は久安元年（一一四五）閏十月の、藤原頼長の血経を記した彼の日記に見えるその記事であった。以来中世にも、多く血経の文献のほかに、その趣旨を注した血経の実物もある。

血書の願文《がんもん》は永享《えいきょう》六年（一四三四）三月十八日の、鶴岡八幡宮の足利持氏血書願文で、全文が血書となっている。怨敵呪詛が目的で神への請願である。このころの血書誓紙には、

滴血和墨《てつけつわぼく》

の語が見えているが、それは数滴の血液を墨に混じて書くということで、血書の一つの方法を示している。血判はこの血書から出たものであった。

手　印

つぎに、先述した手印《ていん》・掌印《しょういん》のことを述べよう。文保元年（一三一七）八月二日伏見法皇置文という文書に、

判形叶《かな》わず、印をもって証となす

と書して、そこに伏見法皇の右手の朱の手印が一つ押してある。

判形は花押のことであるから、同法皇は花押を書くことが、病中によってできないので、印を代用とし、証判とするというのであるが、この印といってもそれは印章のことではなく、ここに押した朱の手印のことをいったものである。手印を押すことによって花押に代用したのであった。

手印の初見は、ずいぶん古く、平安時代の初期にまでさかのぼることができる。そして、平安時代から鎌倉時代、さらに室町時代の初期へと手印文書の数は多く、それも朱と墨の両様の手印文書が区別され、男性・女性・貴族・庶民・僧侶・武士と各方面にわたって行なわれていたのであり、また信仰・誓約等の各方面にも及んでいた。

このように、手印が、花押の代用になっていることもあったが、本質的には手印は、印章の部類に加えるべきではないかという見方もあって、その分類はなかなかむつかしい。

文盲の署名

上代・中世と人々は花押をしたというが、身分の低い階層には花押は存在しなかった。署名を必要としても、文盲には署名もまた不可能であった。それらの証明を要することに、どんな代用のことがあったか。この稿の最初に画指《かくし》という言葉を示しておいた、その画指（左上図）のことを略述しよう。

中国古代の北魏《ほくぎ》の建国は三八六年であるが、その北魏の正始四年（五〇七）九月十六日に土地売買文書がある。それに、

画指《かくし》為信《しんとなす》

とある。中国のこの画指ということが、日本にもはいってきて、奈良時代の庶民の文書に字の書けない筏士《いかだし》・馬車の御者《ぎょしゃ》・屋根葺工《ふきこう》・壁塗工《かべぬりこう》などが、借金証文にこの画指を署名の代わりにしている。

画指は指の節を紙面に図示するもので、食指の節が図示され、男性は左手、女性は右手とそう決まっていた。このような画指は、鎌倉時代の初期まで続いたが、平安初期には、女性が九割、その中期から以後は女性ばかり、その女性のものも数は次第にまれになって消滅して行った。

花押が生まれて、社会に花押が使われるようになってからは、文盲者は、花押に類した略押というものをもって花押に代用した。略押は簡単な符号に過ぎず、丸とか十文字とか三角形などをもって間に合わせるようになった。

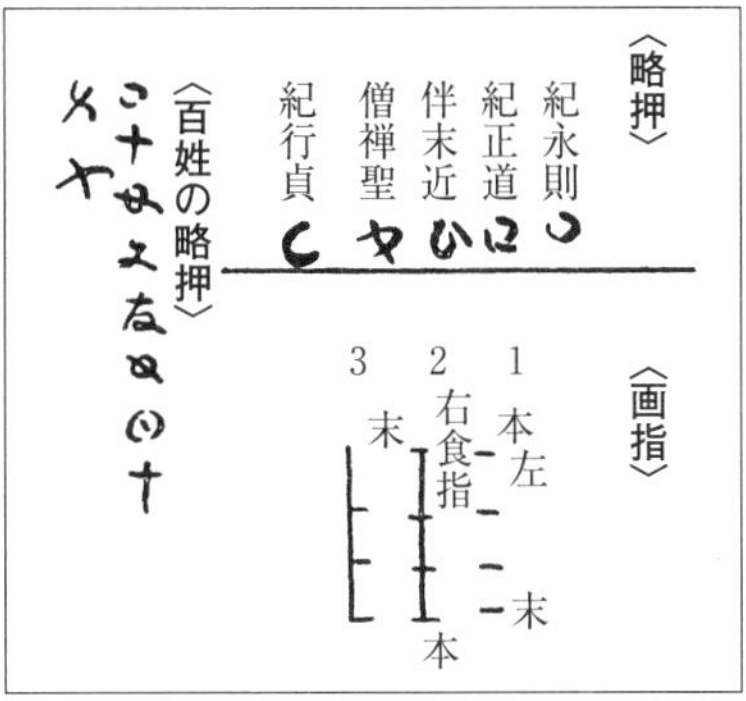

そのようなものにどの程度の法律上の証拠が立証されたか、そこには問題はあろうが、そのような理屈は除外されて、実際上には、庶民の文書に一般化していた。

先にも述べた筆軸の印である筆印のほかには、指紋を利用する指印、ことに拇指《おやゆび》を使った拇印《ぼいん》があり、これらは中世の鎌倉中期から見えている。

爪印というものについて、私は研究してみて自分で驚いたことは、日本では文献としては十四世紀の南北朝から室町時代に見出されるものが、メソポタミアのクレータブレット＝粘土板文書には紀元前八世紀にこの爪印をしたものがあって、昭和四十二年春の東京国立博物館のメソポタミア展に陳列してあった。

爪印は江戸時代の離縁状の三行半《みくだりはん》にも多くその例があり、牢獄の罪人の自白状にも見えている。

これらも印章の一種であるか、あるいは花押であるのかという分類と属性の分析はむつかしい。

〈三行半〉

[1]里《リ》ゑん状之事
一[2]ふしと申女[3]そんしよりニ
かなはぬ、里えんいたし
[4]此上少茂かまへ無御座候、
仍如件
古輔《ふるすけ》〔爪印〕
二月廿七日

1 里は里の変体仮名
2 ふじという女
3 存じより
4 再婚することは一向にかまわない

理[1]いん状之事
一我等妻きさ事勝手ニ付
理いんいたし候上は、何方え
[2]いん付候共[3]かまへ無ニ御座一候、
以上
未十月十日　　久蔵〔爪印〕
きさとの

1　里いん、いとえの音が乱れている人である
2　いん付は縁付くである
3　かまへはかまいである

一揆契状・傘連判・円連判

傘《かさ》連判とか円《つぶら》連判などということばがあるが、それはどんなものであろうか。

江戸時代の農民が、お上《かみ》へ訴状を提出するのに、多勢の百姓が連署をする場合に、近世の農民の場合は花押ではなく黒印（朱印は庶民には許されない）を押した。ちょうど唐傘《からかさ》を開いたように、唐傘の竹の骨を想像して、傘連判と称したものである。

中世の文書では契約状に、このような形式の連署の方法が使われているが、それは南北朝時代以降

のことで、このようなちょっとしたことにも、当時の社会の動きが反映していることは注目される。あまり詳しい議論をしている余裕はないのが残念ではあるが、要するに社会は鎌倉幕府の崩壊によって激動の時代にはいった。後醍醐天皇の建武中興も弱体で、すぐに打ち倒される運命にあって、その後にくるものは、厳しい社会不安の時代である。そこで武家階級も一族の団結によって自衛手段を必要とした。

このころの問題として鎌倉時代からつづいた惣領制の崩壊ということがあるが、それは一族の惣領と庶子の間の関係が、激動期を迎えたということであって、惣領への庶子の服従の絶対性は色褪《いろあ》せて個人的権利の要求が強化される傾向へと進みつつあった。そうした武家社会に成立した特殊な文書が、「一揆契状」と称するものである。

ここで一揆というものは、農民一揆ということではなく、「やり方を一つにする」という意味のものであり、団結して一族を強化していく目的の、一族相互間の契約を文書にしておくことが一揆契状である。

そこで一揆契状に名を列記するに際して、身分差別に上下はないという考え方が生じてこの当時の連署に、

孔子次第

という注が見えている。これは中国の孔子《こうし》ではなく、「くじ」であって、籤をとり、それで記名の順

番を決めることである。

永徳二年（一三八二）七月十七日、和賀鬼柳氏一族一揆契状を見ると、

壱岐守満頼（花押）　沙弥月証（花押）
長門守貞行（花押）　〇　伊豆守清貞（花押）
壱岐守満貞（花押）　沙弥行珍（花押）

となっているが、これは円形に向かって相互の人たちが相対していて、上も下もなく平等であるということなのである。足利義満のころのもので、時代的に観察して、傘連判の源流となるものである。同様のものに、戦国時代の弘治三年（一五五七）十二月二日、毛利元就《もとなり》ら十二名が、戦場においての規則を遵守するように認《したた》めた契状がある。

しかし、このような傘花押は必ずしも、各自が平等にはなってはいない。元就は上のほうに見えるが、彼の子らの毛利隆元・吉川《きっかわ》元春・小早川隆景などの名は両軸となったり補佐などの様相を呈するの観があって、必ずしも平等の立場を示したことにはなっていない。

ローマ字の花押

南蛮宗教のキリシタンの教えが、戦国の世に日本にはいってから、九州の大名の間にローマ字の印章とかキリスト教の要素を加えた印章が流行したことは有名である。

ローマ字の花押についての研究はいっこうに人々の関心を誘わない。ローマ字の花押はその数が少ないのである。

天正遣欧《けんおう》（少年）使節として、天正十年（一五八二）にローマ法皇に閲した伊東マンショの花押と、仙台伊達氏支倉《はせくら》関係の信徒のもの、また長崎にも数人の程度しかローマ字花押は現存していない。その数の少ないことにもなにか理由があると考えたが、それは花押は印章に比して優位にあったからであろう。

戦国大名の手紙に、先にも述べたように事故や身体の故障のために花押が書けないので、印章に代えることをお許し下さいといったことはこの両者の優劣を示している。

元和八年（一六二二）正月十三日の、長崎ロザリオ組中連判書には、数十名の信徒が花押なり印章などを、

寿庵《じゆあん》〔花押〕・はう路《ばうろ》〔黒印〕・はるとろめい〔黒印〕・るしや〔略押〕

などと、はっきりと教名（クリスチャンネーム）を持った人々のいたことが見えているにもかかわらず、一人のローマ字応用の花押も、発見はできないのである。

武田信玄感状の謎

最後に一通、武田信玄感状を見ることにしよう。

実はこの文書が正真正銘の信玄文書であるのかどうかが、この文書の歴史上の眼目である。しかし、偽文書ではない。問題はやや複雑になるが、これから解明することとする。まず煩雑ではあろうが、その文書をつぎに示そう。

親父式部丞《しきぶのじょう》去年於二遠州一毎日之働寒天
之時分苦労更難レ尽二紙面一候、為《たら》二存命一
者《ば》自レ今以後弥《いよいよ》可レ令二入魂《じっこん》一之処、没命
無二是非一候、以二此好《よしみ》一向後《こうご》其方も偏当
方荷担《へかたん》、可レ為二本望一候、仍馬介二走金
進レ之候、恐々謹言
追而《おって》、不例《ふれい》無二本復一候之間不レ能二
直判《じき》一候、意外候
六月廿一日信玄（朱印）□
大藤与七殿

この感状は、元亀四年（一五七三）六月二十一日付であるが、この年、武田信玄は信濃駒場の陣中

にあって、四月十二日に五十三歳をもって没したのであるから、それから二ヵ月を経た信玄感状なるものは、この世には存在し得ないはずである。

これより先、元亀三年十二月二十二日に、信玄は家康と三方ヶ原に戦って勝利を得た。敗れた家康は、その居城の浜松城を死守するの止むなきに至った。

翌四年の正月十一日に、足利将軍の義昭から信玄に対して、家康・信長と講和するようにとの勧告があったが、信玄は将軍の申し出を拒否したのであった。

その後、義昭は信玄・本願寺光佐・朝倉義景・浅井長政ら四人と謀って、その連合勢力によって信長を討つ方向へ計画を進めたが、この年の二月二十六日に、信長は石山本願寺を攻めて、これを降した。そうした矢先、信玄は世を去ったのである。

この書状の内容は、まず宛名の大藤与七なる人物は、武田氏ではなく北条氏政の家臣であったが、氏政は信玄を救援するために、これまたその重臣であった与七の父武部丞政信なる人を三方ヶ原に、とくに派遣したのである。

政信は遠州にいて、去年の元亀三年の厳冬にも寒天をおして、筆舌には表わしがたいほどの奮戦をしたが、その後、ついに戦死してしまった。もし、いまなお存命であったなら、いっそう入魂《じっこん》になりたく望んでいたが、戦死してしまったのでなんとも残念である。

しかしこの父親と懇意な間がらになったことは、与七にうけつがれて、将来ともどうか武田方への加勢を懇願する次第である。父政信戦死の褒美の恩賞として賞金――このもの馬介二走金のことは不詳――を贈り進める、とこう本文には書いてある。

そして「六月廿一日信玄」、その下に方印を朱で押した。その彫り方は陽刻、印文は横組みに、「晴信」（信玄は入道したのちの法号）とあり、この印章は明らかに信玄の印である。

この文書の重要さの鍵は、むしろその追って書きのほうにある。それは信玄の病気（「不例」）は本復しないので、直接自身で花押が書けない。このように「晴信」印を押したが、これは本意ではないと詫びているのである。

前にも述べたように、信玄の死後この感状の日付はちょうど六十五日目となっている。信玄の死後武田勝頼は、極力、父の喪を秘していたので、数ヵ月間は、どこへも知られずに過ごすことができたが、そのうちに世間の噂となって次第にひろまり、ついに真相が他国へも伝わり及んだのであった。

この文書は、このように擬装、それは病気で花押が書けないから印章によって代用するという、当時の一般のやり方を巧妙に利用して、信玄の死による危機を逃れようとしたのであった。

この文書は私の花押と印章の研究には絶好の資料である。この感状は偽書ではないが、実は信玄の子の勝頼感状であったこととなる。

Ⅱ　紋章

紋章と日本人

はじめに

秋のお彼岸の日の新聞、朝日新聞日曜版の片隅に「一科事典」《仏壇》として、こんな記事が眼にとまった。

住宅事情が落ちつくにつれて先祖を祭る風習が見直されてか、近年は仏壇をもとめる人が増え、仏具店は盆と彼岸がかき入れ時、今は黒檀、紫檀、ローズウッドなどが主。細工によりこれほど値幅の広い商品は珍しく一万円台から数百万円台。

このように仏壇の売れ行きが良好なのは住宅事情云々もさることながら日本人の心の中に安定感が蘇って来たことの現われに相違ない。理屈をいったら切りはないが、生活の不安に対しては人間の力が超越して縋《すが》る気持が作用することも考えられよう。いずれにしても日本人に戦中戦後に喪失したものを再び熱心に求めようとする気運が燃えて来たことは見逃せないことであろう。

そこで日本人と紋章というこの結び付きを考えるなら、これは誠に美しい、そして如何にも日本的な日本の真の姿として十分にこの際見直すとともに、その美しさを乱さぬように日常生活の中に取り戻したいものである。それには矢張り紋章の発展の歴史を概略知って置くことが必要であろう。

一概に古い風習にまつわるものを旧弊だと見棄てる傾向は戦後一層著しくなったが、世間が落ち着きを取戻すと、その傾向も緩和されて、時には矢鱈《やたら》と古いものに取り付かれて無軌道な振舞いに落ち入ることもある。野の石仏を盗んで来るのもその一つである。そう考えて来ると今の時点は古いものを呼び戻すことに対して、正常な姿を取戻すか、出鱈目な方面へ突っ走るか、その岐路に立ちつつあるように思われる。お互いに慎重な出方を考えたいものである。その上で私どもの生活の中へどのようにして紋章を生かして行くかを考えたいものである。

生活の中の紋章

今、はるかに田舎の家の少年の日を想い出して見ると、門を入ると純白な提燈箱が数十個、長押《なげし》にずっと並んで掛けてあって、その箱一ぱいに大きな家紋の「丸に三柏」が誠に堂々と仰ぎ見られた。これを仰ぎ見た少年の私は何かそこに威圧のようなものが迫って来るような思いをしたように記憶する。その伊勢の鈴鹿山脈を西に仰ぐ農村には大正二年（一九一三）に村に電気が引かれて家々には電燈が点るようになった。それまでは石油ランプを使っていて、夜は小さな「豆ランプ」と称するランプを付けた。枕元にはまだ行燈《あんどん》が置かれて夜中細々として燈心の火が燃えていた。

その行燈には多分小林清親の画であっただろうと今から思い出す夜の蒸気機関車図が貼られてあっ

た。だが夜の外出には是非とも弓張り提燈は欠くことは出来なかった。ぷんと渋の香のする提燈紙は弓を張る時はバリバリと音を立てた。そして円く弧を描いた提燈の胴には、ここにも巨大な家紋が一個描かれていて中の蠟燭の火のゆらぐのにつれて一段とくっきりとその勇姿（?）を現わすのである。提燈と家紋の結び付きはその家を浮き彫りにする効果があった。つまり生活の中に家紋があって、それが家を生きたものとして強く表徴するのであろう。

紋付の衣服、これも家紋がそれこそ文字通りに水平に動いて行くのである。家紋は保存されて大切に家の中に置くものではなく、常に生活の中に入り来って動くものである。後述するようにもともと家紋の発生、家紋の発展、そのいずれもが私どもの祖先の生活と密接な関係にあった。家紋はこうして日本人の家との関係に成立し、さらにまた発展したが、家ではなく個人との関係はいかがであろうか。それは現代の社会が戦後は家よりも個人に重点が移ったこととも関係することであろう。

紋章と家紋の関係は如何《いか》であるのか。紋章そのものは日本独自のものではなく、諸外国にも存在するが、日本の紋章は名字、苗字の目印《めじるし》として用いられる独特の家紋に限定されるのである。そこで苗字の目印となると、多くの場合には家との結び付きであって個人とは余り関係がないこととなろう。

家紋の用途は多岐にわたっていたであろうが、今後は、一体如何になるだろう。一方では核家族化の現象が増進しつつあると家と家紋の関係も稀薄になるであろう。そして、一方には生活の様式も戦後は一変して仕舞った。

前述した通り家紋を生活から失うことなく、再び生活に密着させて使って行きたくは思うのであるが、実際問題としてこれを現在の生活の中へ如何にして採り入れて来るのか、その辺りに問題があろう。

提燈一つを取りあげて考えて見ても、それは今や儀式的な装飾と化して実用性は全く喪失して仕舞った。従って提燈に描かれた家紋も実用性のない全くの装飾となって仕舞うこととなった。

大正の大震災は日本人の生活様式を変えた最初であったが、それにも増して更に大きな変化をもたらしたのは、言うまでもなく第二次世界大戦である。生活の激しい変化はそれこそ、身も心も変えてしまって、ことの善悪も良否もこの先、如何なるものか、恐らく誰にも正確な判断をつけることは困難に相違ない。

外観に現われた風俗の変化は特に著しい。そのような変遷は一言《ひとこと》にしていうなら、生活の現状に合わないからである。風俗の変化は唯それだけではないが少なくとも大きな原因は矢張りそこにあることは間違いないであろう。

和装が洋装に変って、和装は今や儀礼と趣味の服装と化しつつある。服飾と家紋はこうした風俗の激変の中に如何にして対処したらよいのであろう。これは大きな問題ではなかろうか。入るべき余地がなければ消滅の他はなくなるであろう。

紋付の和装は全く日常生活から消えた。明治・大正の文学などに登場する人物には日常生活と紋付は珍しいものではなかったが、今はもう儀礼上の特殊なものとなって仕舞っている。一部には洋装に家紋を利用したもの——ネクタイのように——もあるにはあるが、一般からはあまり歓迎されてはいないようだ。こう考えて来ると家紋は将来、生活とどのように関係を続けて行くのであろうか。

豪華に家紋を製作して額縁入りの装飾画式のものが、室内の飾りとして流行している。これは戦前にはなかったことである。家紋を生活の中へ採り入れた工夫の一つには相違ないが、それも趣味としては広く歓迎されることはむつかしいことであろう。

墓標に家紋を利用することは何時からのことであろうか。石造の墓標の中で中世のものにはそうしたものは散見しないので近世以降の風習と推察される。家紋はこうした墓標によって生き続けて行くことは確実である。

この他、旧来から家紋を利用した調度品その他、それは地方的な利用の仕方のことである。そうした利用法の工夫によって日本独自の家紋が何等かの形で生活の中に生き続けて欲しいものである。そのための参考に資するために、私は以下に表題に従って記述を進めることとしよう。先にも述べたように、日本の場合の「紋章」は「家紋」と置き換えることとなるので、それに従って述べることとなる訳である。

紋章への権威

私は最近の約二十年間に多くの古文書を集めたが、その中の一点に珍しくも紋章に関した文書がある。それは次に掲げる（写真参照）ものである。

〔読み方〕

平緒の事、先日仰せ候
間、只今縫物《ぬいもの》申付候、

大内義隆自筆書状

御紋具《つぶ》さに示し給わり
申付く可く候、恐々謹言、
三月九日（草名）
金吾幕下

大内義隆は周防山口を本拠とした戦国大名で、七ヵ国の守護——周防、長門、安芸、石見、備後、筑前、豊前——であった。戦国時代の永正四年（一五〇七）から天文二十年（一五五一）の間の武将であって、家臣の陶晴賢《すえのはるかた》の怨みをかって襲撃を受け自害した。彼の最期は悲劇に終ったが、その生涯は誠に多彩であり、文化的にも優れて居り、その点から観て、平凡な田舎侍ではなかった。むしろ戦国大名中でも最も優れた文化人であって城下町山口を西欧にまで名を知らせるものに発展させた。

この文書一通を見ても彼が田舎大名ではなく、京都の公卿とも肩をならべるに十分な教養豊かな世にも珍しい人物であったことがわかる。

この文書は義隆の自筆であって誠に堂々としている上に、その筆蹟は京都の公卿達の筆蹟と並べて見ても、少しも遜色《そんしょく》がない。のみならず古文書学上から観て、署名に相当する花押が、「草名《そうな》」と称して平安時代の公家社会に流行したものである。ここで少しく「草名」というものに就いて説明を加えよう。

花押は、大体、平安時代の中期に始まったが、そのような花押が出現するまでの過程としてこの「草名」というものがあった。奈良時代には楷書《かいしょ》（時には行書《ぎょうしょ》）――まだ奈良時代には草書《そうしょ》は発生していなかったから――でもって自己の署名をしたのである。それを「自署《じちょ》」と称するが、平安時代に入ると新しく草書の自署が現われるようになる。こうした草書による自署が次いで花押の出現を促すことになるので「草名」はつまり花押の萌芽期の署名ということとなる。

そこで「草名」と「花押」の区別が判然と出来ないものもあって明白に花押の出現の時期が何時であったかを示すことは出来ない。そこで概略は平安時代の中期であると説明する次第である。

「草名」は九世紀から十世紀にかけて行なわれた署名の一方法であったが、十一世紀以後でも、古い様式を尊んだ主として公家社会の貴族階級の人の中には花押の他にこうした「草名」を以て自己の花押とした人もあった。大内義隆は文化人として和漢の学を好み、こうした日本の古い文化にも心を傾注したものであろう。その影響によって中世の武家社会では殆ど見ることのなかった「草名」をこうして自筆の書状に記していた。

私の蒐集文書の中には同じ大内義隆の天文十年（一五四一）六月十二日付感状、天文十三年三月十七日付申文等があるが、そこに見える花押は「草名」とは全く違った別の花押である。この文書は自筆であり、宛名が身分の高い人であるのでこうした古い様式の「草名」を用いたのである。それではその「草名」は何と書いてあるのかというと、「義隆」の二字を草書で書き、それを横に並べたものである。その点より観てこの文書は戦国大名のものとして学術上の標本として貴重である。

昭和三十四年の春に神田の書肆で僅か一千余円で購入したのであるが、今から思えば嘘のような話であり、もう近頃ではこうした珍しい売物は市場には出なくなった。ついつい筆が横道へ逸《そ》れて仕舞ったので本筋へ戻さねばなるまい。

この手紙の内容を説明すると、平緒《ひらお》は太刀の具で、「唐組《からぐみ》」とて五彩の糸を組んで作った扁平の紐であり、その模様には花鳥など様々な繡《ぬい》がしてある。そうした平緒を先日仰出されたので、只今縫物《ぬいもの》――五彩の糸で、絵や模様を縫い刺し作る技《わざ》――をするよう申付けました。そこで「御紋」を具《つぶ》さに示し給わるように、それを工人方へ申付けます。「恐々謹言」と。要するに太刀の平緒に先方の家紋を美しく刺繡しましょうとて家紋の詳細を問合せた書簡である。

日付は三月九日とあるのみであるのでその年は不明である。一般にこうした無年号のものは、極力色々と調べてその年代を推定するものであるが、その第一は内容上から他の史実の「傍証」によって決めることが出来る。

第二にはその人の花押を調べて決めるのである。個人の花押は生涯を通じて次第に変遷するものであるから、その人の花押を蒐集して花押変遷のデーターを作成して、これを参考のもの指しにして、その時代を決めるのである。私はまだそうした調査を本文書に就いて実施していないので残念ながら今にわかに年代推定が出来難い。

次に「金吾幕下《きんごばつか》」という宛名であるが、衛門督の唐名が金吾であって、これには左金吾、右金吾の両様がある。幕下の幕は幕府であるから、幕府の下、将軍の膝下であり、従って将軍が宛名人となろう。そこで時の足利将軍は足利義晴が大永元年（一五二一）から天文十五年（一五四六）十二月二十日までの在職であり、足利義輝が天文十五年以降、永禄八年（一五六五）までの在職である。しかし、この文書は無年号ではあるが、文書の感じは義隆の晩年に近い自筆の筆蹟であると推定するので後者の義輝であろうと推定して間違いないようである。

そうすると足利氏の家紋は桐紋であるから、そのような桐紋を刺繡するのであるが、桐紋をどのように按配《あんばい》するのか、それは矢張り直接に将軍家の指示を仰がねばならないので斯くは義隆は自筆をもって書状を認めたものである。家紋のことを内容とした点がこの文書が珍しいとしたことの理由の一つである。

この桐紋について、私は幼時に祖母から耳にした唱歌の一節に「申すも畏し菊と桐」という紋章のうたを、その前後のところは忘れたが、幽《かす》かに覚えている。天皇家は菊花紋である。その菊花紋に対する戦争時の官憲の対策は実に厳しい行過ぎであった。デパートの催物とて「皇国展」とか何とか称する展覧会があって、そこに天皇の御筆になった所謂《いわゆる》「宸翰《しんかん》」の幅物が陳列してある。その幅物の表装は錦に菊花紋をすえたものがあると、表装の菊花紋には遮蔽の紙が掛けられて全く菊花紋が見えないようにしてあった。

それと同じことを戦後になってから実際に私は目撃している。三河の幡豆《はず》郡吉良《きら》町の海岸白浜に式内社幡頭《はず》神社が丘上にある。ここには「伊勢神宮遙拝所」の石柱が立ち石壇の設けがある。三河湾、伊勢湾を隔てて大神宮に相対するのである。この神社の拝殿の軒瓦には灰色のセメントが今も塗り込まれて菊花紋を塗り潰して仕舞っている。これも戦時中の仕業である。不敬罪を警戒するの余りこのようなことまで敢えて官憲の指令で行なわれたが、若い人達にはとんと理解され難い戦時下の秘話と今はなった。

こうした菊花紋も終戦後は厳しい制限もなく僭用の罪もなくなって野放しになった。政党のマークから各種の議員バッジまで菊花紋類似のものが使われている。だが、それを咎め立てするよりも、菊花紋への憧憬《あこがれ》であると解釈して善意に考えたいものであるが、またこうしたことにも日本人のものの考え方が片鱗として露呈している。菊花紋に対して五三桐紋は日本国政府の紋章として現に政府は使用しているが、その理由は不詳ながら、ただ何ということもなく使っているのであろう。

文禄三年（一五九四）八月三日の「豊臣氏大老連署掟《おきて》追加」には、

一、衣裳紋御赦免以外、菊桐付けるべからず、御服拝領者においては、その御服所持の間は、これを着るべし、染替、別の衣裳に御紋を付けるべからざるの事、

とある。これは菊花紋・桐紋の僭用禁止令であって、桐紋は当時太閤桐と称して豊臣家の家紋であった。この掟によると限られた人々の衣裳の紋所には菊花紋と桐紋を使うことを特に許可されていたのである。そして、その免許された特殊の人々以外は一切の使用を認められないというのであるから、特許を蒙った本人のみのことであって、当然、その家族・一族には及ばないのである。

また免許にも厳しい制約が設けられていて、「御服拝領者」とは紋付の御服のことであるから、拝領の一着限りということとなって免許は生涯着用の資格にまでは至っていないのである。「着用資格」を得た場合よりは更に制限は厳しいものであり、頂戴した御服一着に制限せられていて、染め替えたり、別の衣裳にも御紋を付けてはならないとのことであるからそれを犯したものは資格者ではないこととなろう。実際に御紋付衣裳拝領者はその衣服の取扱いを如何にしたことであろう。

それ程に菊花紋と桐紋に対する取締りが厳重を極めたということは厳しい法令を出すことによって、必要以上にこの両紋への権威を高めようとした豊臣政権の政策であり、そのような法令を制定した豊

臣氏の考えは菊花紋取締りに仮託した桐紋への厳重な取締りであり、それは結果として豊臣家の太閤桐を擁護することによる太閤秀吉の権威の確立政策の一環であった。一個の家紋にも、その裏面に大きな歴史の秘密がかくされていたのである。

次の徳川家康とその家紋である葵巴紋については如何であったか。

慶長十六年（一六一一）正月二十一日に家康は上洛して後陽成天皇に願って、その祖新田義重に鎮守府将軍を、父広忠には権大納言を贈られるようになった。徳川家の権威確立は諸大名を威嚇することへの効果は十分であった。後陽成天皇の方では家康の機嫌をとる最上策として、伝奏《でんそう》広橋大納言兼勝を使者とし二条城滞在の家康に対して、「菊桐御紋章下賜」の聖旨を伝えたのである。

家康が恐畏感激するに違いないと胸中に思っていた伝奏はここに予想もせぬことに直面した。家康は「御辞退申上げる」と答えたのである。

その理由は何かというと、足利家は御紋拝領によって長い間この紋章を使用して来たが、自分はかねてから朝廷の恩恵を蒙るよりも自分の権威によって家紋である葵巴紋をむしろ天皇家の菊花紋を凌駕させるように試みることを考慮していたからである。

これは中世的な考え方を棄てた家康の卓見である。前述したように自分の祖先や父のことは朝廷の権威を利用して置きながら、一方ではそれを拒否するそのような矛盾は平気であるというよりも家康は巧妙な考え方を使い分ける天才である。

秀吉が羽柴の姓を賜姓として利用し、諸大名の懐柔策としたその先例にならって家康もまた松平の姓を賜姓として諸大名に与えた。しかし、家紋の葵巴紋の方は全く賜ることなく将軍家の独占とした。それは独占することによって権威をより一層高めることとなるのであって家康はそのような将来を見透していたのである。

葵紋の権威はテレビの「水戸黄門」で今の人にもよくわかるであろう。水戸光圀の代りにこの紋の付いた印籠を見せることだけで別に名乗る必要はなかった。徳川氏一門親藩以外にはその使用を禁じ、将軍の子女で、諸大名に婚嫁する場合は特に嫁入先でこの紋所を使用することを許したが、それはその女性の一代に限るとした。

調度品の葵紋についても幕府の外部に出す場合の制限があった。幕府奥向女中達が寺社に寄進する華美な器具には葵紋が付いていたのでそれを禁止したが、明和五年（一七六八）に再度の禁令によって一切葵紋のある器物の奉納を禁じ、除外例として御三家大名の菩提所に限ってこれを認めることとした。それ程に葵紋の絶対性を厳守することによって権威を高めることが出来たのであった。

紋章研究の再検討

沼田頼輔博士著の『日本紋章学』（新人物往来社復刊）は名著として今日もなお学問的な権威を失ってはいない。日本の紋章に関しては何人も必ず閲読しない訳には行かぬ図書である。

この本の刊行は大正十五年（一九二六）であって名誉ある「帝国学士院恩賜賞」受賞の名著である。今日から数えて五十年約半世紀を経ているが、こうして今日なおその学術的な生命を失っていないということは本書が如何に優秀な研究の成果であるかということを物語っていよう。

私も嘗て本書によって日本紋章学の知識を得るに啓蒙されたその学恩を謝して今に至った。今これを久々で閲読して見ると半世紀間の日本の学問の進歩というべきものが、この名著を通じても明確に認識されて来ることを感じた。これを要約すると矢張り遣《や》り直し、考え直しが必要である。

私は、最近、名鉄経営の明治村を訪れて来たが、そこには明治以降の種々の建築物が数多その使命を終えてここに引退して静かな平和な明治村を構成している。こうして建物も半世紀を越えると補修、改築などの必要が起こって来るのは当然のことである。それと同じようにこうした名著も古典となれば全体は依然として立派であっても部分的な手入れが必要になって来るものである。

だからといってこの名著が保持し続けて来た名声には何の影響もないことである。ましてや著者の沼田頼輔博士の研究に水を差し、けちを付けるような卑しい気持ちは毛頭ないものであって、それは結局半世紀に及ぶ日本の学問の進歩に帰因することである。半世紀の長期に亘って歳を経た古い建築物が創建当時のままであるという訳はないのであって、その間に保存のための手入れを怠ってはならない、それと同じことである。

日本の紋章の研究は今や改めて研究を遣り直すべき時に到達していると申すべきである。この方面の学問知識は半世紀以前の沼田博士の研究から余り進んでいないと考えても過言ではない。実はこれは大変恥ずかしいことなのである。このような事を書くと一般の人々は或は驚くであろう。しかし、それは誠の事実なのである。

そこで私は名著の批判をするようなことになるであろうが、それによって日本の紋章を再考する端緒としての試みである。だからといって開き直ったようなむつかしいことを述べようというのではない。

紋章とか家紋の起こりは文様、模様から来ている。それは衣服や車輿の装飾、旗幕の徴号などが起原であって、その形状は初めは写実的で、端正なものではなかったが、後になって、肩衣《かたぎぬ》や羽織の衣服に、場所を定めて付けるようになってから、その形状は次第に変化して対称的《シンメトリー》なものとなったのである。これは沼田博士の説明するところであるが、それを公家の家紋と武家の家紋と区別してその各々についての起原が述べてある。

公家の方は車の文様に起原があるとのことであるが、その説明を補足すると、この車とはすべて牛車、「ぎっしゃ」と称して牛にひかせる二輪車で網代《あじろ》車・糸毛《いとげ》車・檳榔《びんろう》毛《げ》車・八葉《はちよう》車など数種があっていずれも屋形造りの屋蓋を付け、簾《みす》をおろして乗る人の姿をかくした。その屋形に装飾模様として文様が施されていた。

朝廷に仕える公卿達は朝廷の儀式のある日には各自がこうした牛車に乗って参内したので内裏の庭

前はこうした牛車が輻湊して混雑するのであった。牛を御しているのが牛飼《うしかい》と称して童子姿の下男達である。『駿牛絵詞《しゆんぎゆう》』などという絵巻の断簡が伝わっているが、鎌倉時代に「似絵《にえ》」の名匠の描く駿牛の図のことが「実躬卿記《さねみ》」などに見えているから、牛車をひく牛にも名牛がおって、公卿達は各自の牛を自慢し合い、誇りとしていた。

『源氏車争図』と称する屛風が伝わっているように輻湊した御所参集の牛車の数は今日の駐車場の混雑の様相を呈しておったに相違ない。今ならスピーカーで「西園寺さん……」などと呼ぶところだが、主人なり牛飼いなりはまず自己の車の識別を必要としたであろう。

そうした場合に車に文様があって、それが他と識別し易いものであることは便利であったことであろう。人が集まればそこに他を威圧する優秀さを何等かの形で求めるものであるから車には立派な文様を施してあってそれを誇りとしたのであった。

そこで主人好みの文様がその家の伝統を形成し家紋の発生へと導入されて行ったのである。都大路を行き交う牛車の主は相手の車との優劣に注意を怠らなかった。こうした車の紋は藤原時代に始まり鎌倉時代には家紋へと定着した。

それとともに公家社会の公私両方面に着用する種々の衣服、それには色々の副装品も伴っている。束帯と衣冠――衣冠束帯と誤って続けて称する人が多いが、この両者は別々のものであって束帯は文官の正服、衣冠は平服である。直衣《のうし》、狩衣など数々あるが、そうした衣服の文様から転じて家紋とな

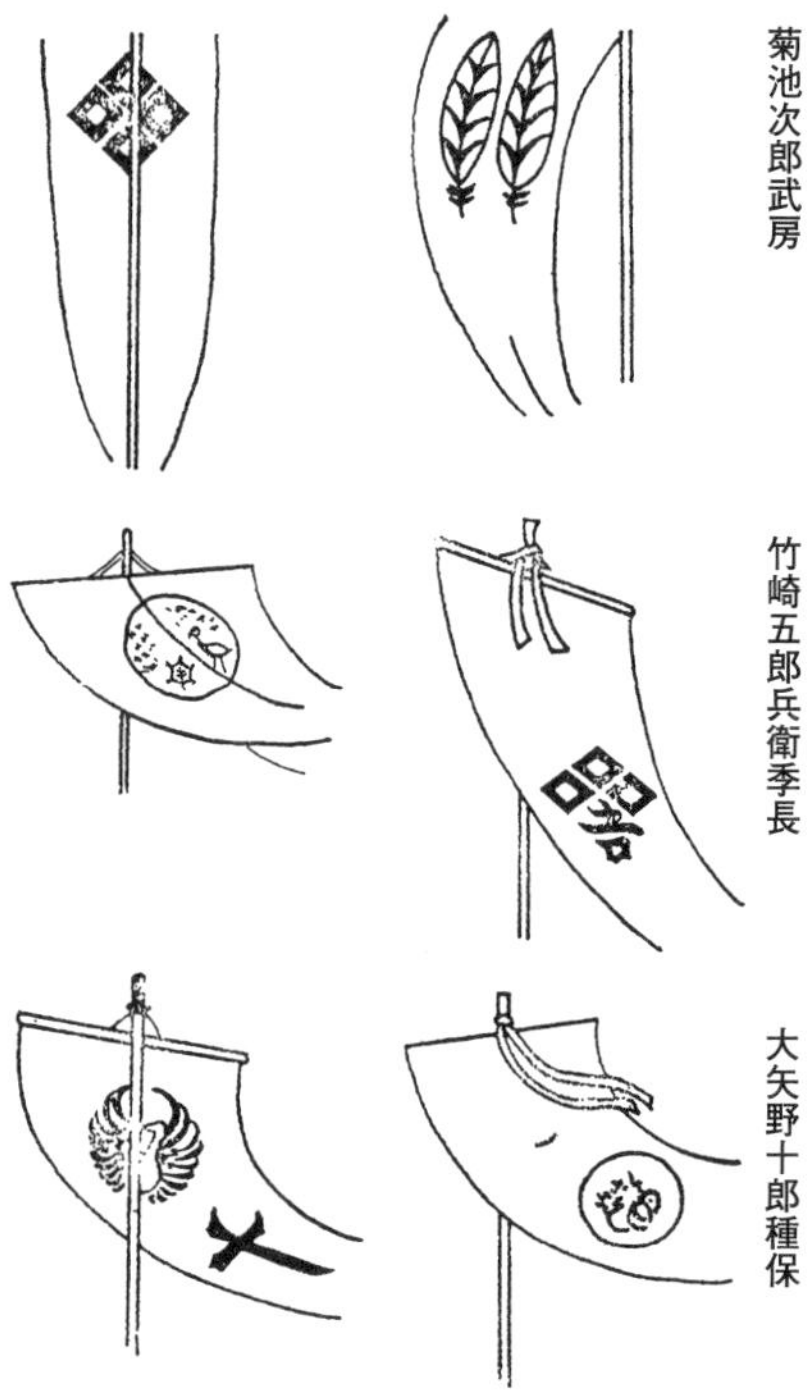

「蒙古襲来絵詞」所載に見る九州諸豪旗紋
（「日本紋章学」より）

った例は牛車より多かった。

武家の家紋の起原は旗や幕の記章から起ったと沼田博士は説くが、楯紋との関係は閑却されている。

武家社会の家紋を考える上の貴重な材料は『蒙古襲来絵詞』である。一般に風俗史研究の貴重な資料はこうした絵画彫刻などであるが、それには必ずそのような美術品が何時成立したかという製作年代の決定が第一に重要である。例えば聖徳太子の絵伝であるが、そうした絵伝では聖徳太子の時代には無関係に必ずその絵伝の製作された年代の風俗を描いているものである。

鎌倉時代の絵伝は推古時代であってもすべて鎌倉時代の風俗をしている。江戸時代の製作では小野小町も山辺赤人も百人一首の歌人達は江戸時代の風俗である。そうした諸点を十分考慮に入れて考察することが大切である。

『蒙古襲来絵詞』は正しくは『竹崎季長絵詞』と称すべきであって十三世紀末頃の製作である。この絵巻物の研究は昭和初年までは一向に人々の関心を呼ばなかったが、近頃は美術史家のみならず日本史研究者による急速な研究成果が続々と発表されてその研究水準は昭和初年の比ではなくなった。この絵詞の研究については私も昭和七年に新しい研究を発表して微力ながら貢献したことを学界からも認めてもらったように思われる。

さてこの絵詞は武家の家紋の研究には重要な資料となるものである。そこにはそれは沼田博士著書復刻本三三ページの挿入図「九州諸豪旗紋」の表題によって、

菊池次郎武房　鷹羽紋
竹崎五郎兵衛尉季長　三目結ニ吉文字
大宰少弐経資　四目結
同三郎左衛門尉景資　同
大矢野十郎種保　桐
白石六郎通泰　鶴亀松竹梅
島津下野守久親　鶴丸ニ十文字

軍旗の旗紋としてこれだけのものが集まっていることは誠に貴重な資料と考えられる。このように

絵画として描かれた旗紋の確実な資料はこの絵詞が最初であり、そして最古ということとなろう。

この『竹崎季長絵詞』による肥後国御家人竹崎季長は僅か五騎で元寇役に従軍しているが、それは彼の他に姉聟三井三郎資長・旗指し三郎資安・郎従藤源太資光と他に若党一人であり、その全員は騎馬で参戦して、時には親類野中太郎長季の軍と一団となって戦ったこともあったが、また五騎だけの場合もあった。

この頃の日本軍の戦法は単騎の騎馬戦が基本となっていたが、これに対する蒙古軍は集団で戦ったからこうした彼我の戦法の相違は根本的に勝利の望みを失わしむることとなっていた。こうした季長の軍勢中の旗指し三郎資安は緒戦で早くも乗馬を敵に射仆されて仕舞ったので止むなく徒歩で旗を指して進軍したのであった。

私は、この季長の戦闘を観察してこうした旗指しが戦場においては想像以上に重要な役割を持っていたように推察するのであって、僅か五騎の戦闘力から一騎を割愛してもまた騎馬が仆れても徒歩で旗指しの任務を遂行する三郎資安の強豪振りにも驚くけれども旗指しの役目の重要性が、そこに明確に認められて来るのである。

このことは余り従来考えられなかった事実であるけれども、戦場に限らず武家社会においてこのような旗の持つ使命の重要性が何処にあったものか、そのことを広い範囲にわたって考える必要があろう。ということは軍勢の士気を鼓舞することも旗の使命の一端ではあるが、この季長の場合のことを考えるなら、それよりも彼季長が博多の石築地の上に菊池武房以下の諸将が勢揃いする前を五騎でもって通過して箱崎の戦場へと罷《まか》り向かった時に季長は大音声に「肥後国の御家人竹崎五郎兵衛尉《じょう》季長罷り通り候」と自ら名乗ったのである。

これは自分を明らかにすることであって、そのことを「着到」とも称し参戦認定の手続きでもあり、そのことは何よりも後日の論功行賞に資すべき大切な事であり、武家社会の経済を支える武士の所領の給付を受ける最大の方便であった。

鎌倉時代の武士は自己の所領をば「一所懸命の地」と常々称していた程に生命を賭してこれを獲得し、また死守し続けたのである。今はいとも簡単に「一所懸命」という言葉が使われているけれども中世の用語は今のような軽薄な言葉ではなかったのである。

さて、武家社会の旗はそのような重要性を持つものであることとなると従来は殆ど関心の向けられなかった武家の旗がここで新しく見直されて来るのである。勿論、その点については沼田博士の考えもまたこうした旗とその旗に付いた旗印《じるし》、そして家紋へという考察のプロセスに修正を加える必要があろう。つまり一言でいうなら沼田博士はこうした旗について余り重要視していないということとなるのである。

源平時代の旗は、簡単な赤旗と白旗であり、参戦した各武士の一族なり個人なりのそうした旗というよりも旗印は一向に見当らないのである。

『日本紋章学』（三一ページ）には次のように述べてある。

鎌倉時代の中頃になると、少なくとも鎌倉幕府の武士は、大体、自分の家紋を用いるようになったのである。『吾妻鏡』寛喜《かんき》二年二月三十日、および三月一日の条に、つぎのように述べられている。

として次にその記事が原文のままに引用されている。ここでは煩雑だから重ねての引用は省略して概略の内容とその重点だけを紹介して置くこととする。

執権北条泰時邸に丑の刻——午前二時頃、突然に武装して旗を手にする武士等が押し寄せて来た。これは来襲したのではなく謀叛人蜂起との流言蜚語による「鎌倉中騒動」によって警固のために御家人等が群集したのであったので、かえって泰時の方が「これは何事ぞや」と驚いて彼等の軽挙を訓戒することになって、御家人等も恐縮して退散したが、その時、泰時は「各自所持の旗を置いて帰れ」と命じたので、「老軍二十余輩、旗を御使に献じて」引き下がった。

その翌日になって、旗を置いて帰った武士達は泰時邸へ参集して泰時に会ったところ泰時は彼等に「何の異議も申さずに旗を置いて退散したことは誠に神妙な振舞いであった」と褒められて彼等も面目を施した。そこのところにこう続けて記してある。

旗は注文に任せて悉く返し下さる、……彼輩名字皆注し置かる、その故は知らず、

とこうあるのを沼田著書には、

翌日、その旗を　紋に照らして持主に返した……旗にはいずれも持主の目印である家紋が描かれていたことが想像される。

と、そして引用文には「旗は注文に任せて悉く返し下す」とあるが、この「注文」の「注」の字を沼田博士は脱落している。どうしてこの大切な一字が脱落したものであるのか、それは不詳ではあるが、文献による研究には厳しく文献を取扱い、操作することが大切である。このような散漫な文献の読み方では、この時点において、これら旗に紋章があったとする証明にはなり難い。矢張り研究は慎重であるべきである。「注文に任せて」というのは「メモによって」という事であるし、その下に「彼輩の名字」とあるので、『吾妻鏡』の記事にはここでは旗紋のことは全然記事としては見当らない。

さらに、また沼田著を孫引にした多くの人の著書にもまた沼田流の誤った解釈をしている。孫引は恐ろしいものだとつくづく思うのである。

この寛喜二年（一二三〇）より十七年以後の宝治元年（一二四七）六月五日『吾妻鏡』の記事に、

橘公儀が五石畳紋の旗を差し揚げて、鎌倉の筋替橋の北辺に進む。

というのがあって、ここには明確に旗紋の記事を見ることが出来る。しかし、この「五石畳」という紋章は多分もう今は消え失せてどんなものであるのか不明である。

この宝治元年から二十六年の後に元寇戦役が勃発した。この時には『竹崎季長絵詞』によってはっきりと旗紋の存在が確認されるようになるのである。

源頼朝の文治五年（一一八九）の奥州遠征に際して常陸から佐竹四郎秀義が、宇都宮の頼朝宿営に旗を携えて馳参したがその旗は何の印もない白旗であったので、頼朝はこれを咎めた。何の故にとがめたかというと、その時の頼朝の旗は白旗であったので配下の武将が同一の旗を指すことは不謹慎であるとの理由に因った。

頼朝は秀義に「御扇出月」を下賜して、これを旗の上に付けよと命じた。このことは一般に旗紋が未だなかったことを立証するとともに、やがては参戦する御家人の旗には各自の存在を識別するための目印の必要を示唆し暗示する要素が認められるが、鎌倉幕府御家人の旗に紋を見るようになるのは何年の頃であったのか、その研究はまだ出来ていない。

沼田博士の研究で私の大いに気になることの一つは、文献上の「文」という字と「紋」の字の区別である。紋章の歴史を研究する際にこの区別なり、或いは「文」も「紋」も同一であるのか、そこを如何に理解したらよいのか、そこに問題があろう。「文」には「紋」の他に「模様」という解釈もあるので文献上では「文」とあるから直ぐにこれを紋章であると即断するのは軽率ではないか。こうした点に就いて沼田博士の研究を今一度再検討してみたい。

紋章研究の諸問題

天皇家の菊紋を下賜することに就いて沼田博士はこの著書（一二二一ページ）に磐城『安積文書』に

よって立証されたが、この示された古文書は実に幼稚な偽物作者の作品である。ところがそれを信じたものは沼田博士ばかりでなく『史料綜覧』にもこの文書によって「綱文」をたてて「護良親王、英積太郎兵衛尉に令して、王事に勤めしめらる」としている。このような重要な文書であるから読者に対して啓蒙の意味で次に示すと（特に原文のままに）

為二東夷追討一、可レ令二
馳参一者《てへり》　二品親王令旨《りようじ》
如レ此。仍執達如レ件、
元弘三年五月二日左少将隆貞奉
英積太郎兵衛尉館

（紙継目）

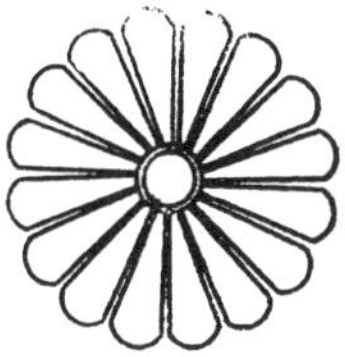

英積

太郎兵衛尉

この文書はどう見ても江戸時代偽文書である。第一に文書の差出者であり、護良親王の旨を奉じた奉者の左少将隆貞は架空の人である。右の文書の菊花紋と称するものは黒印をおしたものであるが、花弁の外郭を線刻してその中に墨をぬって埋めたもの、つまり「雙鉤塡墨《そうこうてんぼく》」というやり方であって、見た感じでは柑橘類の果実を輪切《わぎ》りにしおしたというようなもので菊花紋の感じとは程遠い。そしてこの文書の何処にも菊花紋を安積太郎兵衛尉（実名は不明である）に下賜するという文言は見あたらない。古文書として別紙を継ぐということも、怪しいことであるが、この左右二つの紙の文字は同筆であるから、後から継ぎ足したものではなく、同時に作った偽物である。英積某と二行書にいたその下の花押も誰の花押か不明であるばかりでなく、どうした理由でそこに花押があるのか意味がわからない。護良親王令旨の方では「於二御方《みかた》一」馳せ参ぜしむべしとあるべきである。その上にこの大著が出版された際にこのような古文書が菊花紋下賜の最初のことであるという、歴史上で、重要な史料であるかのように持ち出されていることに対して、他の学者が一言も「おかしい」という声を出さなかったということは、なお一層おかしなことではないかと思う。それが余りに学問の研究というものから遠く離脱していることであるだけに馬鹿げたことであると評しても行き過ぎではない。歴史の研究は小説とは違う。小説は史料にしばられるよりも、フィクションとして書いた方がよいが、歴史は史料によって考察されなければならない。菊花紋を下賜されたということは沼田博士の一つの想像に過ぎない。そこには一つとして信頼のできる史料はない。余りに学問としてはひど過ぎはしないか。学術研究はそのようないい加減のものであってはならない。

沼田博士の説明は「この紋章は実に皇室の紋章として用いられた遺物としてもっとも古く、かつもっとも有力なものであるけれども、惜しいことに他にその類品が発見されていないので、まだこれを断言することはできない」とあって、要するに「他に類品がないので」確証にはならないがとは述べながらも偽文書である点には全く気付いておられないのであり、彼は「もっとも有力なもの」と考えたのである。

今、一つ同書（一五〇・一五七ページ）に天皇賜紋の研究として『碧山日録』の記事が掲げてある。それは応仁二年（一四六八）のこととして、彦洞明窓和尚の談話として「和尚の祖先が亀山天皇から菊花紋を下賜された。その祖先とは洞院実教であって実教は亀山帝の猶子となって斯くは菊花紋を賜わった」というのである。そこで『碧山日録』の記事について沼田博士は「右の記事によると大納言実教は菊花紋を亀山上皇から拝受したことがわかる」と述べ、さらに「なぜなら『碧山日録』は僧碧山が主として応仁年間に記述したもの、……どんなにこの書に荒唐無稽な記事があるにせよ、現在その当時に定められた菊花紋を誤って、これに先だつ百七、八十年前の記事として書く理由はないからである」このような意見には客観性が乏しく、第三者をして異論をさしはさむことなくこれを肯定させ、さらに賛意を表するということは困難であろう。

応仁二年（一四六八）と亀山天皇（あるいは上皇）の時代の間には約二百年の距離、間隔があるから沼田氏のようにこのような不確実な記録をいかにも確証があるように力説することには大きな疑問があり、危険がある。従って天皇賜紋は鎌倉時代はおろか、南北朝時代ではなく戦国の世の事であろうかと私は推察しているが、これもまだ研究の結果ではなく、ほんの見当だけのことであるから間違っているかも知れない。今は他日の研究に任せるの他はない。

武門の象徴　姓氏と紋章

興味ひく武将の歴史

世の中に研究にしたがう人は多いが、それが何の研究であろうと、研究するに価値のあるものと、そうでないものとがある。〝ただあの人は実に熱心です〟と称されるだけではつまらないものである。できることなら、その人の熱心さ、真剣さというものが、立派な成果となって、世を益することとなってほしいものである。

しかしまた、静かに考えてみると「研究するだけの価値がある」ということはいったい誰が決めるのか。それは、当然その研究者によってテーマが選択され、決められることではあるが、そこには広く第三者（読者など）が介在して、そのテーマの選び方が良いとか、良くないかとの批判も入ってくるべき性質のものでもある。

ところが、その研究をいくら続けても一向につまらないだろうということが、最初から予測されていて、一向に人々からの関心が乏しいと判断されているものであっても、時には見方によってはそうした研究も存在しなくてはならないということもある。

日本歴史のなかで、戦国武将の研究には、誰しもが興味を注ぐものであり、そのなかでも史上に著名な武将についてはたくさんの研究成果がある。たとえばその例を、関東地方に関係した武将に限って考えてみても、それは実に賑やかな人物群を誌上に迎えることができる。相模の後北条氏、甲斐の武田氏、越後の長尾上杉氏など、彼らのことは学術研究にも、通俗読物としても、それこそ深いものと浅いものとの差はあるだろうが、周知されている人物ばかりである。

それらの著名武将たちは、ちょうど高層ビルのようなものである。高層ビルに挟まれた小さな家にも当然のことながら歴史はある。このように人々の眼には触れにくい、ビルの蔭に隠れてしまっている小さな家にも、時には人々の関心と注意をひくものが発見されることもあろう。

以上に述べたことは抽象的な話であるので次にその実例を紹介しよう。

謎多い吉良氏の系図

武蔵の国の中世に、吉良氏と称する武家があって、それは実に不思議な性格をもった武家であった。というのは、つまり吉良氏は、後北条とか武田、長尾上杉などと肩をならべて戦国乱世を勝ち抜いていけるような実力には乏しい戦国大名であるにもかかわらず、それがけっこう乱世を遊泳して、ともかくも家康の関東入部（天正十八年＝一五九〇）を迎える時代まで存続し得たのであった。

戦国強豪ぞろいの東国にあって、この弱小な吉良氏の存続こそは、まことに不思議であると考えるほかはない。

しかし、だいたい今までの歴史学者の関心は、小田原の後北条氏や越後の長尾氏などには向けられていても、高層ビルの蔭に隠れていたような、微力な、この吉良氏などには無関心であった。吉良氏については、大部分の人は江戸時代の『新編武蔵風土記稿』などを根拠にし、また参考にして考えてきたにすぎない。

したがってそれから得た知識が非学問的であったことはこれまた止むを得ないことであろう。多くの学者は、それが、北条氏康・氏政のような花形大名ならともかく、微力な戦国大名にすぎないため、研究する価値がないと、当初から決めつけていたものに相違ない。

私は、偶然なことからこの吉良氏に関心をもつようになり、古文書を探し、記録類をひもとき、一方では、机上の仕事ばかりでは皆目わからないことが多いので、吉良氏に関係ある三河、相模、武蔵、常陸などから遠く東北の諸地方をことごとく実地に踏査し、数年にわたって研究した結果、従来はまったく不明であったことがはっきりわかるようになるというところまで、やっとこぎつけることができたのであった。

もちろん私には他にたくさんの研究課題があるので、それこそ明けても暮れても「きら、きら」と馬鹿の一つおぼえのように言っていたのではない。それではお前さんはいったい何がわかったのか、と質問されると、それは種々あるが、そのなかでもっとも大切なことで、当面必要なことは吉良氏の

「家格」ということである。

「忠臣蔵」に出てくる吉良上野介義央《よしなか》はよく知られているが、私の研究した吉良氏のことは、ほとんど知られていない。

もともと吉良氏は、三河吉良庄をその発祥地としており、その地にあって鎌倉時代にはすでに、西条吉良と東条吉良とに分かれていた。そうした歴史を調べてみるためのもっとも便利な方法は、その家に伝わる「系図」を分析することである。だが、世に伝わる系図ほど信頼の出来ないものはあまりほかにはない。まことにそうなると「家」の研究はどうしたらよいのであるのか、ほとほと困ってしまうことであろう。

捏造された出自と家系

吉良氏の系図は色々と伝わっているので、私も当初はいちおうこうした世間流布の吉良系図から、一般には未発表の戦国時代の書写である古い系図までを探し求めて調べてみたのであった。

その結果は、戦国時代のものは簡略すぎてあまり役に立たない。江戸時代の系図はそれに比して少しは詳しいが、それがまた信頼しがたい。江戸時代の系図は数本あるが、それらを作ったのは、世田谷在住の郷土史家の手に成ったものであるので、歴史全般の知識にやや乏しく、作為と虚偽の跡が露呈していないでもない。郷土史家の全部とはいわないが、そうした人々のなかには郷土愛に燃えるのあまり、自己の郷土の真の姿を見失って過分な褒めかたをする人がある。

それと同様に、まったく具体性に乏しい事柄を事実であるかのように思い込んでいる。日本の中央の歴史から考えても当然にあり得ないことが、地方には立派に存在した、というような記載がこうした系図を構成している。研究を正確にするためには広い視野に立って考察することが、まず第一に必要なことである。虚偽の系図のなかにも共通した欠陥がみられる。それはやはり粉飾による曲筆ということであろう。これはあるいは日本人の一つの特性であろうか。

粉飾から虚構へというのが一つの過程であるとするならば、家の歴史の真実の姿は、こうした邪魔物の除去に努力しなければならない。

周防の大内氏の姓は多々良氏、その遠祖は百済聖明王の第三子淋聖太子であった。このような遠祖説の成立が、いったい何時代にあったかは急には決めがたいが、おそらくは大内氏の勘合による対外貿易上からみて、経済政策に利用するところがあるとともに、国内的には「貴種観念」の助長に役立ったことであろう。

島津氏は惟宗《これむね》氏を称し、近衛家領島津庄の下司職《げししき》を得ていたが、惟宗忠久は頼朝の御家人として島津庄地頭であったばかりでなく、薩摩・大隅・日向の三ヵ国の守護ともなっていった。そこでこの忠久は頼朝と比企能員の娘との間に生まれた落胤であったが、平政子の嫉妬による殺害の危険から逃れるため、鎌倉から須磨浦へ落ちのび、そこから海路をとって、さらに遠く薩摩国へ渡ったということになっていた。このことは、島津家では歴史的事実として信じて疑わず、わが家の先祖忠久公は、頼朝の御落胤にましますということになっており、それが島津家の誇りともなっていた。

しかし、このことを記した一番古い文書は島津家に伝来した「酒勾申状《さかわ》」という、戦国時代のものと推定されるものに、はじめてそのことが見えているので、頼朝落胤説は戦国時代に創作されたものであるといえよう。

どうも武家の姓氏にはこうしたものが少なくない。さきに述べた吉良氏は多田満仲の後裔であって、足利氏の一族である。鎌倉幕府内において権勢のあった足利義氏の二子の長氏が西条吉良氏の祖となり、弟義継が東条吉良氏の祖となった。吉良義央は西条吉良の方であり、関東に下って世田谷御所、蒔田《まいだ》御所（横浜）などと称したのは東条吉良の方であった。

この関東の吉良氏は、戦国時代になってから、頼康の室に北条氏綱の娘を迎え、嗣子には駿河の今川氏の一族堀越貞基の第二子氏朝《うじとも》を迎えて養嗣子となし、その夫人には北条氏康の娘を迎えて奥方としている。戦国時代の武家の政略結婚は、今日ではとうてい考えられないような様相を呈し、女性残酷物語の実例が多々あったことは周知のとおりである。

さて小田原の北条氏が、微力な吉良氏を併呑せずに、表面的には優遇しつづけたのはなぜであったのか。実はそこが問題なのであって、私があえて吉良氏研究に着眼していったのも、その問題を究明してみようと考えたからにほかならない。

吉良氏に対して、武力的には絶対的優位に立つ小田原で、彗星の出現のように東国に覇権を握った伊勢宗瑞——北条早雲は、今日においてもその出自は明確ではない。箱根湯本の早雲寺に、元小笠原子爵家に伝来した、早雲自筆の書状が数通所蔵されていて、そのうちの一通に、早雲自らが彼の出自を記している。

しかし私はこの文書に多少の疑いをもっているので、結論としては早雲の出自は不明であるものと考えている。この点が小田原の弱みとして吉良氏に対する優遇政策となったものであろう。これに関する具体的な事例の詳細は「北条幻庵覚書」なるものを読んでも判明することである。

尊重された家格

秀吉の対諸大名政策のなかにも、武家の格式尊重の考え方が認められる。次の史料によってそのことを考えてみよう。

高麗陣の見廻り（見舞のこと）として、遠路の使者、殊に雁の股百・鶴二・熊の皮二贈り給り候、悦《よろこび》覚《おぼえ》候、なかんずく渡海の供奉として国朝の発足感じ入り候、しかる処、不慮の仕合せ、痛わしく候、御心中察し入り候、委細は山中橘内《きつない》申すべく候、恐々謹言

三月廿八　秀吉〇（朱印）

鎌倉頼淳《よりずみ》

この史料は文禄二年（一五九三）二月のもので、「文禄・慶長の役」の最中のものであって、宛名の人は下野喜連川城主となった人物であるが、もとは古河公方《こがくぼう》足利義氏の後裔である。

右の文書中にみえる国朝は、喜連川国朝であって頼淳の息子であるが、秀吉が来る三月に、朝鮮に渡海をするので、秀吉に供奉すべく、下総古河城より肥前名護屋へおもむく途中の二月一日、安芸において病死した。それに対して秀吉は、山中長俊を使者に立て、父頼淳（純とも書く）に丁重な弔詞を記したこの書状を遣わしたのである。

これを古文書学上から調べてみると、秀吉の文書の大半は本文の終りの書留《かきとめ》は「者也」「候也」となっているが、これは「恐々謹言」という、丁重な書札《しよさつ》の礼式となっている。それはなぜであろうか。

頼淳の父は足利義明であり、下総生実《おいみ》城主であって、その居城は「生実御所」と称されていた。足利家の名門ということが、さすがの秀吉にも特別の考慮を払わせ、かくも丁重な弔問の手紙になったのである。

また秀吉の側室の「古河姫君」はこの頼淳の娘であったので、その関係よりしてこの女性は、喜連川三千五百石を秀吉より拝領し、それを弟の国朝に譲渡したのである。

これによっても、武家社会ではいかに家の格式というものが、尊重され重要視されていたか、ということが明らかになるであろう。また、秀吉の性格の一面には、そうした格式を重んじたというその半面とそれと矛盾する格式を凌駕し無視しようとする野望をいだいていたのである。彼は好んで名門の女性を側室にしたのもそうした彼の考えからであった。同じ側室杉丸殿は、近江守護佐々木氏の後裔、京極高次の妹であったのもその好例であろう。

家柄と紋章の連関

さて次に、武家の家格に関係する紋章であるが、かの『竹崎季長絵詞』には、菊池武房――鷹羽紋、竹崎季長――三目結《みつめゆい》に吉文字《きちもじ》、大宰少弐経資・景資――四目結、大矢野種保――桐、白石通泰――鶴亀松竹梅、島津久親――鶴丸に十字など、六ツの家紋が描かれている。この図は弘安四年（一二八一）のことであるから、このころは武家の旗印にはこのような家紋が描きこまれていたのであった。

ところが、これより九十三年以前に当たる文治五年（一一八九）、頼朝の奥州遠征にさいして常陸から佐竹四郎秀義が、宇都宮の頼朝宿営に旗を携えてはせさんじたが、その旗にはなんの印もなく、白旗であった。それを頼朝が見て、これを咎めた。それはなにゆえであろうか。

その時の頼朝の旗はもちろん源氏の白旗であった。配下の武士が頼朝と同一の白旗をもつことの不謹慎を咎めた次第であった。そこで頼朝は秀義に「出月《でづき》」をあしらった一本の扇を下賜して、これを旗の上につけよ、と命じた。このことは、一般に旗紋というものがまだなかったことを立証している。それとともに、関東御家人の旗には、各自が戦場にあってその存在を識別し、明確にすることのできる目印の必要性を示唆し、暗示しているものである、と理解されよう。

鎌倉幕府の諸制度とか、御家人社会の諸式などは案外急速に成立していった、と私は考えている。寛喜二年（一二三〇）に、北条泰時邸へ御家人の老将二十余輩が「鎌倉中騒動」というデマに煽動されてはせさんじ、かえって泰時の訓戒に恐縮するという事件があった。そのさい泰時が、念のためにと各自の旗を預かって、その翌日に旗を返付した。『吾妻鏡』には「旗は注文に任せて返し下さる」とあるのを、故意に「文」を「紋」と曲解している学者のあることをかつて指摘して、その誤解を解明したことがある。

つまり、この寛喜二年の旗紋説は成立しないのであるが、『吾妻鏡』によれば、この年より十七年後の宝治元年（一二四七）六月五日の、いわゆる宝治合戦には明確に橘薩摩十郎公義が「五石畳紋」の旗をあげて鎌倉の筋替橋へ進撃してきたとある。この公義は安達景盛方にあって三浦泰村の反乱軍と戦った御家人であった。今は「五石畳」という紋章がどんな形のものであったか不詳であるが、旗に家紋をつけていたことが、これで明確になった。この宝治合戦から三十四年の後が、弘安四年（一二八一）の元寇の役である。

前述の『竹崎季長絵詞』をみると、旗指《はたざし》は武士にとっていかに重要であったかがよく判明する。季長はわずかに五騎をもって参戦しているにもかかわらず、その一騎は旗指である。その旗指の乗る馬が蒙古軍によって打ち倒されても、この旗指は負けることなくなおも徒歩によって旗をもって進撃している。

また『合戦手負《ており》注文』と称する武家文書によれば、この旗指の負傷のことが「旗差紀四郎は首を射らる」と明記されている。戦傷は戦死に準じて論功行賞の対象として十分に考慮された。だがそれにもまして旗指の役割りは重要であった。それは武家の旗印としての役割りとともに、直接論功行賞という利害関係と関連があったからである。

菊花紋は後鳥羽上皇の衣装の模様にも見えるが、元弘三年（一三三三）五月二日に「護良親王、英積太郎兵衛尉に令して、王事に勤めしめらる」（『史料綜覧』）とあることから、紋章学の権威の某博士は「磐城安積文書」なる偽文書によって、菊花紋下賜の最初の例はこれであるとされたのであった。私は他の場合に、それが誤謬であることをすでに指摘しておいたので、再びそれをここでは繰り返さない。

紋章研究は新しくやり直さねばならぬ時期にきている。世に最高の権威書と考えられてきた名著も、刊行されてすでに半世紀以上の歳月を経ている。学術は進歩すべきものであって、いたずらに停滞してはならないものである。

紋章研究の手引き
——楯紋・旗紋・幕紋の考察——

紋章の護符的使命

左大臣西園寺公衡《きんひら》は、鎌倉時代後期の延慶二年（一三〇九）に絵所《えどころ》預《あずかり》の高階隆兼《たかしな》に絵巻二十巻を描かせて『春日権現験記』と称して、これを藤原氏の氏神である奈良の春日社へ奉納したが、その第十九巻に、

正安三年（一三〇一）十月廿五日子《ね》時悪党社頭に乱入て、大宮四所の御正躰《みしょうたい》をの〳〵二面・若宮六面合て十四面の神鏡を盗取たてまつりて……廿八日衆徒軍兵《ぐんぴょう》をひきいて、からめとらんとするに、大に合戦するほどに悪党交名《きょうみょう》のうち池尻若王左衛門尉家政といふもの戦場にてうたるほどに、かの男もちたてまつる神鏡三面取かへしたてまつりぬ。

という詞書があって、これは南都の悪党が春日社に乱入して「御正躰」とて神鏡に本地仏の像を飾り付けたものを奪ったという事件であり、春日若宮神主祐春とか吉田経長らの当時の日記にも記されている史実であるが、絵巻の方にはこの詞書に見える池尻家政の首を刎《は》ねている合戦の場面が描かれ、

それが静止した戦場の姿ではなく、移り動く映画のような絵巻物独自の描法が駆使されている。

画面の右隅と左隅には楯が立並び、その両陣営の対立した中間に首を失う家政を中心に戦闘が展開していて、絵巻を巻きひろげる次の瞬間には左端の陣兵が退去し、右端の軍兵が逃げる敵兵を追撃するその勇姿が描き出されている。

左と右に分れた陣営は楯を立て並べることによって、征矢《そや》の襲撃を防ぎながらも、なお一層前進を有利にせんとする戦略の好機を狙うというのであろう。

その楯は絵の前段では左右両陣ともおのおのその正面を示して描いてあるが、後段の敵の追撃の場面では今度は楯の裏面が描いてあるので、楯の構造が詳しくわかるようになっている。楯持ちは下級の雑兵《ぞうひょう》の役であったことも、彼等が甲冑などで武装もせずに草鞋《わらじ》や足半《あしなか》と称して草履《ぞうり》のうしろ半分を切断したような簡便な履物の、中世後期に見られる足軽のような姿の雑兵が描かれている。

さて、そうした二枚の板を継ぎ合せた板製楯に描き出されているのは「鷹羽紋」に「三鱗《みつうろこ》紋」と「月紋」などと称するが、正円の丸形を二つ並列した紋が見えている。かの『蒙古襲来絵詞』に見える肥後国の菊池武房の幡《はた》に描かれた鷹の羽紋は、羽根を二つ並列したものであるが、この楯紋のは羽を二葉交差させた紋である。

三鱗紋は鎌倉幕府の執権・連署の北条家の家紋として著名であって、若狭国多烏《たう》浦の、文永九年(一二七二)二月一日と日付のある麻布製の船舶用旗に大きく描かれているのを想い出す。

この多烏浦の旗には「相模守殿（北条時宗）御領若狭国守護分多烏浦船徳勝也。右、国々・関々、不レ可レ有二其煩一之状、如レ件」と墨書がしてあって、それは船舶通過免許の旗印であって、その旗に印された執権北条家の家紋の権威は、強大な威力を示していた。

しかし「春日験記」の詞書には、興福寺衆徒に引率された「軍兵」と奈良の悪党とのみあって、その姓名を明記した人物としては「池尻若王左衛門尉家政」一人のみであって、この人物にしても結局は悪党と呼ばれた一味の中の一人に過ぎず、当時の奈良あるいは大和地方に著名であった豪族ではなかったことは明らかである。そのような無名の武士が、北条家の家紋と同一の「三鱗紋」を楯紋として使用することがあったのである。意外なことと思われる。それはどういうことなのか。

徳川将軍家の葵紋は、詳しくは三葉《みつば》葵《あおい》巴《ともえ》紋は、同族の松平氏といえども憚って使用を遠慮したことなどと比較して考えるなら、この鎌倉後期の十四世紀（延慶二年）頃はまだ家紋についての考え方が制度的に確立していない時代であったと考えられよう。

このような楯紋を描いた絵巻物の一つとして、その製作時代のやや降ったものに『男衾《おぶすま》三郎絵詞』がある。兄の吉見《よしみの》二郎が華やかな都の生活に憧れているのに対して、弟の男衾三郎は質朴な坂東武士の生活を堅持していたとして、この兄弟二人の生活の状況が描かれているが、高校の教科書にも鎌倉武士の生活の有様としてこの男衾三郎の方の絵が図示されている。

その武家の屋館《やかた》内の中庭では、強弓《ごうきゅう》の表現として弓絃《ゆみのづる》を張るために二人の従僕が弓を庭の梶の樹の幹にあてて撓《しな》わせていると、もう一人の男が今しも弓の絃を本弭《もとはず》に懸けようと満身の力を振り絞っている、そのような光景が実によく描き出されている。

門を入ったこの内庭に、三枚板製の楯が二面並んでその正面を見せて立てかけてあるが、その楯紋は略画になって輪郭の円形が線描きにしてあって、「三星紋」のように上に一個、下に二個と描かれている。

この絵巻物は他の部分の描写にも細部を省略したところがあって、遠江国高師《たかし》山で山賊に襲われたところの鎧櫃《よろいびつ》の紋様の三巴《みつどもえ》紋は巴一個を描くにとどめて、余のところはすべて省略して円形の外郭を示すにとどめている。

ここで注目されることは同じ楯紋でも鎌倉後期に製作された「春日験記」とそれから更に時代の降った南北朝にかかったものと思われる「男衾」とでは、そこに推移変遷があって、家紋の成立が進展しつつあったことが考えられる。発生期の家紋には外郭がなく、自然描写の「もの」そのものをそこに置いたのであったが、次の段階には輪郭の内にその「もの」を据え置いて、図様化へと進展したのであろう。

伊勢貞丈の説に「紋を丸の内に画事」（『貞丈雑記』巻五）として、紋に外郭の円形を描くようになったのは室町時代の永正頃であると彼が考えていたそのことも私のこうした発想に対して一応の参考になった。

十四世紀のはじめに成立した『法然上人絵伝』にも、建久三年（一一九二）延暦寺堂衆と朝廷側の武士との戦闘の場面に楯紋が円い輪郭の中に描かれているが、その紋様は「竜胆紋《りんどう》」に類するが、余り定かではない。

そこで楯の表面に家紋を付けたことは何の目的からであろうか。その意義を篤《とく》と考えてみよう。敵に向かって示すために楯の表面に描いたとなると、それは示威のためであり、また護身のための護符的使命を帯びるものであると考えざるを得ないであろう。単なる装飾に過ぎなかったなどとは考えられぬもっと切実なものがあったに相違ないのである。

旗紋は日本独自の所産

次は旗紋のことであるが、前述した竹崎季長の『蒙古襲来絵詞』には菊池武房の鷹羽紋の旗の他に、四目結《よつめゆい》紋の大宰少弐景資の旗、三目結の下に「吉」字を孕ませた竹崎季長の旗、鶴丸紋の下に十文字を配した島津久親の旗、長い柄の付いた丸形団扇の図様として鶴亀松竹梅をその中に描いた丸形軍配団扇をしるしとした白石通泰の旗、その他に画面の損傷によって不鮮明になった紋章の旗は天草大矢野種泰、また、石築地の上に肥後国守護少弐景資を中心にして菊池武房、日高三郎等と並び坐した「次郎」なる武士に侍する旗指《はたさし》の持つ旗は、笹紋に「井」字を配したように見える家紋である。

また詞書の中には「連銭《れんぜん》の旗たてたる」というところがあって、その旗の画は見えないが、それは鎌倉幕府派遣の「いくさ奉行合田遠俊」の旗である。

この絵巻によると旗指は騎馬となって、一族郎党の先頭に先駆けして長い旗竿に旗をなびかせて進撃するのであり、乗馬を射殺された季長の旗指資安《すけやす》は馬を棄ててもなお旗を手にして馳せ進んでいる有様が描かれている。

この旗指は帯刀のみで武具を帯していないので、ただ旗を指すことのみが彼の使命であった。季長の軍は僅かに五騎であってまことに僅少の軍勢であるその中に、一騎といえども武器を手にしない一人を旗指として先駆けさせるその意義は戦力の上から観察して、一人を割愛してもなお重要な利点があったものであると、そう考えなければならない。

騎馬戦に旗が必要であり、その旗に家紋が描き出されていたことは一族郎党の士気の鼓舞に大きく影響したことであろう。しかし旗の家紋は精神の統合に必要であったが、私は集団の行動と旗の相関的な関係を今日でも十分認めることが出来ると思うのである。軍旗のこと、赤旗のこと、そうしてデモ隊の旗、さらには反戦連合の黒ヘルと黒色旗、旗の効力は古今東西に顕著に示されている。

その上にここでは家紋を旗＝幟《のぼり》と称すべき丈長《たけなが》のものに早くも十三世紀には描いていたのであって、このような旗紋が後世の旗指物へと進展して行くのである。その発端を示すものは竹崎季長のこの絵巻が最古の資料であろう。蒙古軍には旗印しはあるが、家紋様のものは全く散見しないので、旗紋は日本独自の所産として考うべきものであろう。

旗の威力の最大のものに「錦の御旗《みはた》」がある。『大言海』には「赤地の錦にて作り、上部に日月を金銀にて刺繡し、又は描ける旗。天皇の御旗。錦旗」と記し、『貞丈雑記』（巻十一）に「上古の書にはかつてみえず……太平記（笠置軍の条に）三城の中をきっと見あげければ錦の御旗に日月を金銀にて打て付たるが」と記し、南北朝時代をその初見であるとしているようである。

言葉としても今日なおこの言葉が日常会話の中に入って使われていることは、これが死語でないだけにその活用の上からもっとその本当の姿を考える必要があろう。

『上杉家文書之三』に「後奈良天皇綸旨」が見える。それを上杉家では「御旗御免宣旨《せんじ》」と称して大切にしていたようである。

当家自二往年之古一、称二拝領之御旗一久相承之由緒有レ之云々、寔希代之重宝、武功之佳名何事乎《なにごとか》如レ之哉《これにしかんや》、然近年紛失之条令二新調一之由所レ達二叡聞一也、弥収二函底一、永可レ備二累代之家珍《かほう》一之旨、可下令三下知二信濃守平為景（長尾）一給上者、依二
天気一上啓如レ件。

天文四年六月十三日　右大弁（広橋兼秀）（花押）

謹上　日野中納言（柳原資定）殿

というのであって、長尾家では往昔にかつて錦御旗を拝領していたのであったが、この長尾為景の世代には紛失していたというのであった。

長尾為景は細川晴元の本願寺光教征伐の軍に従っていたので、その機会を逸せずここに再下付を伝奏公卿の斡旋によって奏請したのであるが、疑えば紛失したのではなく往古以降天皇よりの下付はこれが最初のことであったように思われる。

為景から鳥目五〇〇〇疋を天皇へ、三〇〇〇疋を広橋兼秀へ捧げ、その上に後奈良天皇は践祚《せんそ》の後、十年を経た天文五年（一五三六）二月二十六日に至ってやっと即位の大奠《たいてん》を挙げたということは、当時一つに皇室経済の衰微に帰因していたのであったが、為景へはこの年三月五日付で柳原資定から手紙が来て「去月廿六日その節（即位式のこと）を遂げられ候」とて費用の進納の催促があった。

美濃の大名土岐光親へも催促があり、同年二月十七日（『御湯殿上日記』）に彼は献金したが、若狭の武田元光のもとへも続々と催促が来て献金をせまられたのであるが、為景の錦御旗は当時の金に換算してもこのような莫大な献金の背景のもとに下賜されたものである。

錦御旗の日月紋は天皇家の紋章ではないが、それを如何ように理解したらよいのであろうか。まだ誰も的確な解答を与えた人はない。私も他の機会に考察してみようと思っている。

上杉家の『御簞笥入日記』と称する古文書・古記録などの目録に、「関東衆幕紋書付壱本」とみえている。これは、東国諸大名の幕紋を列記したものであり、こうした幕紋は家紋を陣営に使う幕に配したものであって、『後三年合戦絵巻』などに早くみえているが、南北朝時代には「紋はかりかね（雁）を書たるもあり、鳩を向ひ合て書たるもあり、紋の付所は何れも上一幅に紋を書たり……たてもつかう（立木瓜）也」と『貞丈雑記』にみえる。『太平記』にも多く幕紋のことが散見するので、これらを綜合して考えると大略は南北朝以降の成立であろうと思われる。『寛永諸家系図伝』には必ず「旗紋、華表・幕紋、竹雀」（鳥居氏）と記して武家系図の必要事項となり、固定化している。

上杉家にはこの他に『陸奥守家臣紋尽』壱巻――ともあって、北条陸奥守氏照の家臣の「家紋尽し」のこととこれを見た場合には長尾・後北条間の密接な関係を考える上によき参考になろう。

家紋雑考

まず「紋付き」の成立を一考しよう。先述の『男衾三郎絵詞』の中に吉見二郎の公家風の豪華な寝殿造りは池に臨んで優雅を極め、今しも釣殿では吉見邸の稚児姿の少年と折烏帽子・直垂姿の二人の侍稚児の傍には連歌師らしい僧も一人いて、連歌一首をものせんと各瞑想している。それを廊下に坐った二人の総髪と散切髪姿の小童が室内をのぞき込んでいる一図がある。

この総髪の方の童児は広袖に袴を付けて胡坐《あぐら》をかいているが、その広袖の上衣には「縢紋《ちきりもん》」が三ところ――背・両袖に――まさに紋付そのままである。「ちきり」は織機の部分品、I字形で経糸《たて》を巻くもの、ちぎり締めも同じような形で、衹、千切ともいい、材木や石の接続に用いるとし、三木氏の家紋であると『日本の家紋』（新人物往来社刊）の一五六ページにも記した。この絵巻の画家が家紋として描いたか、衣服の文様として描いたか、それは不明である。

同じ絵巻の中でも菊花模様・横縞模様・飛鶴・飛雀模様・洲浜模様・三巴模様など家紋ではあるがそれが家紋としては完全に独立せずにただ単なる衣服模様として衣服の上下一面に描かれているところから観察して、先の滕紋はまさに過渡期的な一資料となろう。そう考えると大変面白い一図である。『男衾三郎絵詞』は南北朝時代の初期の作品であるので、それより以降やがて室町時代の儀式典礼の形成期が間もなく出現しつつあるのであって、数多の故実家の成立とその家々の流派の分派化や故実書の成立などすべて考察されねばならない時代がここに接近しつつあった。そうした点から考えて、この南北朝時代は興味のある時代であると考うべきであろう。

私は久しく日本古文書学の研究の立場から「印章」の研究をしてきたが、日本の上代の古文書として奈良朝文書にはその紙面一面に官印の捺印があって、余白にも捺印が及んで文書には余白を認めることがなかった。それが唐代の末期において、まず唐朝文書の方で捺印の省略がはじまって、公文書の捺印は一通の文書のはじめ、中央、末尾と、この三個所に限るようになった。

そのことは直ぐ日本政府にも影響して、日本では平安時代の文書はこうした捺印様式が採用されていった。私はこの文書における捺印の省略方法が衣服における文様から次いで紋付の成立と変遷して行ったものであるとの考え方を有している。まさにそのように考えてよいのであろう。

私の印章研究は特殊な研究であるがためにいまだに正しい評価は得難いように思っている。「和紙研究」の特殊な研究家である寿岳文章氏の著書が刊行されても誰一人として書評は出来なかった。そのことの内容を知らずして批評は出来るものではないのであろう。印章の研究というとよく人から「印相《いんそう》」のことを質問される。「印相」が学問の体系を持っているのであろうかと私は疑い、こうした私への問いかけには迷惑しておる。

やはり上杉家に「高野山清浄心院上杉家系図書上《かきあげ》」なる巻子装一巻があり、それは近世のものではあるが、それに「上杉家紋章」のことを記し、「藤原上杉幕文竹に雀、両鳥留り遊様也」として、「庶子幕文飛雀乱雀也、不レ過二両竹一」として総領庶子の家紋には多少の相違のあったことを示している。

文禄三年（一五九四）八月三日の「豊臣氏大老連署掟追加」には、

一衣裳紋御赦免外、菊・桐不レ可レ付レ之、於二御服拝領一者、其御服所持間者可レ着レ之、染替・別
衣裳、御紋不レ可レ付レ之事

とあって、菊紋と桐紋についての使用に厳格な態度で臨んでいたことが知られる。こうした紋章の乱用禁止令の存在はその裏に紋章の権威の保障による尊重の心があったことを物語っている。

ここで新しい研究テーマとして、読者に対して次の課題を呈して筆を擱《お》こう。

『紋章の社会学的考察』

私は「紋章研究」を単なる趣味として終始させるのではなく、学問体系に乗せて研究しなおすことの必要性を考えるものである。

Ⅲ　姓　氏

苗字と地名

再燃した先祖ブーム

毎日新聞（昭和四十九年七月十四日朝刊・都内版）に「なぜかお先祖探しブーム」の見出しで「歴史づいた？　核家族　郷土史家大もて」という記事があり、その一文の結びは「先祖がわかってどうなる？　サァ……」とあった。

終戦直後は、日本社会には大きな改革の時期が到来し伝統的な「家」の観念が崩壊して、核家族化した機構へと社会全体が移って行ったという感を呈した。だが「戦後はもう終わった」と多くの人々が考えるようになって、わずかに遺っていた「家」への郷愁ともいうべき「家」の観念が、次第に再び燃え出して来ると、それは日本人独自の国民感情とも称すべきものであるのか、急激にこの新聞記事の通りの自家の苗字の由来をたずね、系図を吟味しようという欲求が普及した。

こうした家の歴史を知るということは、家の歴史をただすということであってみれば伝説・説話以上の正しさが要求されるのは当然であろう。つまりそれが歴史の正しさを求めることであるなら、終局的には歴史研究の方法に則すべきことが当然である。先の新聞記事の結びは、先祖を解明することの実利実益は何かと疑っているが、それは大いに在り得て有効である。

そのことによって「わが家の誇り」をあらためて持つということとなるのであれば、古い日本人的な伝統とも称すべき家名の尊重と祖先への敬慕をここに持つことによって自覚を発見し、それ故に人間形成への努力を忘れず、自己はもちろん一家一族の不断の向上心とも称すべき要素が生活の上に加わって来るのである。

それが単に自己顕示の道具に供されてそれ以上には発展せず、そこにとどまるようでは余り意義を伴わず自己満足という狭小な世界に閉じこもるのみであろう。

苗字を通じて祖先への誇りが欺瞞に満ち、偽りに過ぎないものであるというそうした危険から脱することは、その吟味が飽くまで学問的、実証的である必要がある。こう説明して来ると、苗字と家系の問題は、やはり歴史研究の本道に沿って調査研究の歩を進めて行くべきであるということとなり、それ以外には調べる術はないのである。

渇望される新研究

姓氏家系ということを学術上の軌道にはじめて乗せた人は、誰もがその名を知る太田亮博士である。この博士の不朽の大著は磯部甲陽堂と称する書店から刊行になっていたが、それは大正初年のことであり、戦後は稀覯書となり、入手困難な実状にあったが、『姓氏家系大辞典』は角川書店により、『姓氏家系辞書』は新人物往来社から各覆刻刊行されたことは世の知る通りである。『姓氏家系辞書』には太田博士による「解説」が百ページにわたって執筆されているので、利用者には大きな裨益になるに相違ない。しかし博士のこれらの名著も、いまや五十余年の歳月を過ごし、確かに不朽ではあろうが古典に属するものになった。

また、こうした学問が現代の新鮮な息吹きを導入することもなくそのままに通用するものであろうか。しかるべく再考されてよい時期に達しているのである。先学の研究を批判し、新たな吟味を加え、創造してこそ学問の進歩があり、そのことは延いては先学の業績をも顕彰することとなろう。高い頂上に登るには一歩一歩の積み重ねがなくては叶わぬものである。近頃、豊田武博士は『苗字の歴史』を著されて一本を私に贈られたが、この著書の中で「苗字の発生について」として、つぎのように述べている。

太田亮氏は『姓氏と家系』において、「この名字を、名田《みようでん》と関係がある様に従来説かれて来たが、名田は多くそれを開墾した人の実名を田の名としたのである故、直接、名字と関係があるものではないと考える」といわれる。

私はこれに反対である。名田の開墾のすべてが名字の発生に連なるとは思わないが、本領の開発は名字地の形成を意味する。それはまた惣領制の形成とも関係をもつものであり、名字は、氏を小さくしたものだといった素朴な考えを改め、社会構成の理解からその実態を探る必要がある。

この点にいささか力を入れたつもりである。

この豊田氏の太田氏への批判は、太田説が昨日今日のものであった場合には太田説は如何にも浅学との誹《そし》りを免れないであろうが、すでに半世紀の歳月の経過を見た現在のことである。その上に周知の如く日本歴史の上で長足の進展を観せた研究分野の一つにこの荘園史の研究がある。

豊田博士には『武士団と村落』という名著があって、こうした方面の権威であることは夙《つと》に知られていることである。太田博士の学説が劣っていたわけでは決してなく、学説の進歩を如実に物語っているという適切な一例であるとそう考えるべきであろう。学説批判は一つには見解の相違ということであって議論百出の賑やかさはむしろ歓び迎えられることである。

私は太田博士の謦咳《けいがい》にも接し、寸陰を惜しんだその研究生活も実見したものであるが、現在、考えて半世紀を経た今日では太田博士の「姓氏家系」の学に対して新しい研究家の出現が渇望される。

偽文書の狙い

『伊豆鈴木文書』と称するものがあって、その中につぎの文書二通がある。その一通は、

伊豆国

加茂郡一宇

那賀郡之内鈴木郷

相模国
　愛甲郡一宇
　高座郡之内吉田在家
右為二軍功之賞一、宛行者也、
　寛治五年十月七日　義家（印）
　　鈴木兵庫頭殿

この文書は偽文書であって、その偽作の程度は最下級のものである。誰が見てもすぐにおかしいと疑うに相違ない。したがって、こんな愚劣な偽物を作った人間の知識の程度も判る。しかし、一応作為のあとを調べることとしよう。

まずこの文書は源義家が宛名の鈴木兵庫頭に「軍功の賞」として伊豆と相模の所領を「宛行《あてがう》」ために出した文書である。八幡太郎義家といえば誰知らぬものはなく、まずその点から人々の注目をひく次第である。義家は前九年役に武功をたて、次いで後三年役を鎮定したが、朝廷はこれを私闘として何の賞も与えず、義家はそのために将士に私財を提供して労をねぎらった。

寛治五年（一〇九一）義家が弟義綱と兵を構えようとしたので、朝廷は宣旨を下して義家が兵を率いて入京するのを停め、諸国百姓の田畠公験《くげん》を義家に寄せることを禁じた。

そうすると「軍功の賞」とは後三年役のことであって、寛治五年は義家にはこのような記録の遺る年であった。こうした理屈を一応考えておいたが、それは如何にもこの文書を見る人に対して確実な史実があるような印章を与え、後三年役というものを裏付けとして、この偽作文書を無知な素人眼には疑いを起こすことなく真の源義家所領宛行状として信頼せしめるものであると文書作為者は考えた。

しかしその作為の幼稚さのために馬脚はたちまちに露顕するのである。義家なる差出名の下の壺形印は黒印であるが、日本印章史上から判断して、そのような印章は存在せず、またこのような印章の押し方は近世の押し方である。印章の型の点は異様な、むしろ奇怪な印章というの他はなく、幼稚な偽作であることは特に指摘するまでもない。

つぎに宛名の鈴木某は鈴木郷がその名字地であることを物語っていて、その関係を示すことと、それが寛治五年に遡るものであるというこの二点が重要な本文書の眼目である。いや偽物作りの狙いである。鈴木氏にとっては十一世紀にまで遡った源義家からのこうした所領を宛行われたとすることは大きな家の誇りと考えたのである。この『鈴木文書』中にはまだ源義朝文書一通があって、それは、

　此度於㆓源平両家之前㆒、軍功故、為㆓朝勢敗軍㆒、無㆓比類㆒手柄之由、清盛被㆓申越㆒候条、義朝甚感悦之至ニ候、依㆑之伊豆国之内、五千町永代宛行者也、仍証状如㆑件、

　　保元元年七月十三日　義朝（花押）

　　　鈴木伊賀守殿

この文書は源義朝が保元乱の直後に鈴木伊賀守なる武士に保元乱の「軍功」に対する恩賞として伊

源義家の印章だというのである。幼稚な偽物作りの考えたものとしてむしろ滑稽である。

源義朝の花押として偽物作りが考えたが、花押についての知識の不足は一見して彼の無知を暴露してしまった。

豆国中の五千町を与えた「証状」であるとするが、これまたすこぶる幼稚な偽文書である。その文章はむしろ滑稽で芝居がかっているので愛嬌があるともいえよう。日本語の文章としては躰《たい》をなさないところもある。

義朝が清盛と一緒になって後白河上皇に味方して白河殿を襲ったことを一応背景として、「比類なき手柄の由、清盛申越され候条、義朝甚だ感悦の至りに候」と記したが、このような文章そのものが、十二世紀の文章ではなく近世も末頃の十八、九世紀のものである。

義朝の花押を一見しても、この花押は伊勢貞丈の分類した花押の中の「明朝体《みんちょうたい》」に属するものであって近世風の花押である。この偽物の作成者は自分自身は「物識り」であると思っていたに相違ないが、結局は知識の乏しい人物であった。このような文書が通用して世間をごまかせると考えたことはよほどお芽出度い人間であった。

偽文書を調べるにはその紙質・墨色から書体など、さらには文書の様式に至ることなど、つまり古文書学についての知識と鋭い鑑識眼によって研究すべきであるが、この程度の偽文書はそのような高度の技術を駆使するまでもなく、簡単であって、余りにも幼稚なその文章は一読して噴飯ものである。

しかしこのような低級な偽物が『鈴木文書』中に入っていて大切に保存されて伝わったということ

は何故であろうか。恐らく鈴木家では、遠く平安時代の先祖が義家や義朝から授与された「尊い証文」であるとして格別の取扱いをしていたものに相違ない。こうした偽文書を見て、読者は定めしすぐに一笑に付するに相違ないが、人によっては今日でも意外にこんなものに感心する人など、そんな人がまったくないとは保証し難い。

私が多年にわたって蒐集した古文書の中に『豊後国後藤文書』と称するものがある。鎌倉・室町の両時代に及ぶ優秀な武家文書が約四十通揃っているが、その中につぎの一通がある。

永治五年元辛酉歳関東下向自レ源別之事、後藤之家是也、
八幡大菩薩、関東二所権現
備後国氏神大明神

清実公
山城守重貞　是公僧苗　繁秀公
河内守義永　金屋上人　盛下公
大和守貞安　松雲融琴　清真公
参河守繁永　了性公　清久公
和泉守盛忠　奇山公　清秀公
伊賀守宗次　繁盛公　氏次公

丹波守繁教　安真公
繁正公　　清正公
親安公　　清直公
玄洞繁清　明鑑公
清久公　　兼清公
天沢公　　清次公
久寿二年元甲戌歳八月吉日　謹書之

この一通は久寿二年（一一五五）八月に「謹書」したというのである。この久寿という年号は元年は甲戌の歳であると注したが、この書き方は異様である。それは最初の「永治五年」（一一四五）と記したところで、永治元年は辛酉歳であると注したのも同じ書式である。この一通は、近衛天皇・崇徳上皇の時代に成立した『後藤家由緒書』であるという考え方がここにあると、そのように理解されよう。書体・紙質等、一見してすぐに新しいものだと判ったが、この一通はそのような新しい写しであって、もと久寿二年に記されたものがあって、それを謄写したものである。

そう仮に考えた場合には、つぎには内容・文章・文書様式等について考えるのである。そうすると、第一行目に「後藤の家是也」と記し、「永治五年に関東へ下向した源氏から別れたこと」とて、これが後藤家の由来である。

しかし、その由来には具体性はまったくない。ということは具体的記述の材料を欠くということであり、莫然と故意に作為したものであるということとなる。この一行の文章も実は不完全なものであるが、つぎの「八幡大菩薩、関東二所権現」「備後国氏神大明神」とは何を意味するものであろうか。この文書に神を勧請して一つには神誓の形をとって文書を神聖化し、一つには神々の権威を借りて尊厳化しようとしたつもりであろうか。

つぎに人名であるが、この記載方法にも混乱が見られる。したがって人数の点でも合計幾人になるのか確かには決められない。「山城守重貞、是公僧苗、繁秀公」。これが一人分の記述であり、「是公僧苗」は通称かまたは俗称、「繁秀公」は後世からの呼称であろう。

しかし「僧苗」とは何のことか不明である。第一行の「清実公」は多分、後藤家の氏祖であろうが、材料がなく該当のところは空白であるようだが、何とも解し難い。以下「丹波守繁教、安真公」までは一応意味が通ることとするが、そのつぎの繁正公からは十人なのか五人なのか不明である。のみならず、これらの人名は久寿二年までの各世代なのかどうか一切不明であるが、それは記述者自身の意図そのものが不詳であるということになる。しかしこうした奇怪とも観られるこの文書が、作成者の立場では誠の書付として人を欺き、化《ば》かしてやろうと知恵を絞り、精魂を込めて作ったものに相違ない。それは家の格式をたかめることが第一の目的であった。

以上にあげた偽文書は日本歴史を動かすほどの重要性はまったくないものばかりであったが、つぎの文書は『源頼朝下文《くだしぶみ》』と称するものである。

私はこの文書に親しく接し手にとって調べたが、それはまだ最近のことであってま新しいことである。頼朝の袖判は料紙の損傷によって半ば欠損しているが、袖の下部に下げてすえられている。

(頼朝花押)

下　留守所在庁等所

補佐　三薗川原谷郷沙汰職事

宮盛方

右彼郷者、三多《ママ》大明神寄進畢、者《てえれば》郷民等宜二承知一、勿二違矢一、故下《ことさらにくだす》、

治承四年八月十九日

この文書は、三薗川原谷郷の沙汰職《しき》なる者にその祠官である神主さんの宮盛方を補佐することによって、その郷を三多大明神へ頼朝が寄進したことを証した文書である。そしてこの日付と同じ日付を『吾妻鏡』の方の記事によると、頼朝は山木判官平兼隆を討ち、次いで蒲屋御厨への下文を「関東事施行の始め」として発したとあるから、頼朝にとっては重大な日であった。

「三多大明神」宛の下文の紙質は粗悪、筆蹟も拙劣であり、頼朝花押にも損傷があって完全ではないといえども、これまた筆勢に乏しく生気が欠けている。私はこれらを綜合して当時のものではないと推定した。頼朝はこの日から四日を経て石橋山出陣である。私が粗悪な文書と考えたそれらの要素

はこうした頼朝の身辺の特別の史実にかえって一致するとする考え方も成り立ち、そうした考え方に立脚して考えるか、それとも当時の一般文書に対する考察を基準として判断するか、そのいずれをとるか、そうした点に迷いはないとは断言はできない。

文書を宛てた「三多大明神」という神社はないのでこれは当然「三嶋大明神」の誤りだとされているが、私には大いに気にかかる重要な誤りであり、疑念はここにも関係してくる。

この下文を偽書とするなら、やはりそれを作成した目的がある。頼朝の職《しき》の補佐による社領の寄進は石橋山旗揚げ直前のことであって、その歴史的意義はきわめて大きいこととなろう。そう軽率には疑問視はできないが、私は一見して釈然とはできなかった。『平安遺文』には注はなく何の疑いもなく掲げてあるから、世間には通用しているものである。しかし私の疑雲は晴れない。

諸家の系図や家系の根本史料の一つに古文書があるが、その重要史料を占める古文書を無条件に信頼することはできない。系図・家系の調査には、このような古文書についての調査に必要な古文書学の知識が大いに必要である。太田博士も「自分の家または一族間に伝わる系図・家譜その他記録、文書……等を調査する必要がある」と説いているが、それは学術を基礎とする調べ方であるべきである。

私は学生時代に津田左右吉博士から『古語拾遺』の講義を聴いた。この典籍は大同二年（八〇七）に斎部広成《いんべのひろなり》によって著作されたが、広成は中臣氏に対抗する斎部氏の主張を強く陳述して朝廷ないし国家における自家を擁護したものであると、鋭い史料批判に立脚した感銘深い名講義であった。

このように著作目的に自家を誇示し、顕彰することがあるように、系図や家譜の類はそれ以上にそうした要素がむしろ横溢《おういつ》していて、誇示の欲望は勢い虚構へと逸脱することも多くなろう。このような過去の系図等の作者の態度を十分に知った上で、そのようなカラクリを解明して学問的な証明をする必要がある。

失われた地名を調べる方法

苗字はいろいろの要因から成立するものであるが、最も関係の深いものは地名である。「名字地《みようじち》」と称して「名字・苗字」はこれを母体として成立するとし、それは「名《みよう》」の制に関係があり、名の発生・発展の歴史が考えられている。このように、地名というものが私どもの苗字と深い関係にあるということは苗字研究上より考えて重要な第一の資料であるということとなる。

しかし、そのような地名にも歴史的な変遷があって、上代・中世・近世と地名が改められた例はあるが、それを戦後の市町村合併等による改名・廃止の状況と比較するなら、その程度は一方は緩慢であり、節度ともいい得るものもあったように思われるが、戦後は全くひどいものであった。

しかし、戦後の各自治体による「恣意《しい》」に任せた地名の改廃は、歴史をまったく無視した無謀な行政措置であったといっても過言ではなく、各自治体が勝手に貴重な地名に手を染めた結果は、ちょうど自然環境を破壊して美しい国土の自然の崩壊を早めたことに等しく、それがために人心に及ぼした不測の弊害について自治体は考慮するのが当然であった。しかし残念ながらそれだけの思慮が彼らには欠けていたのであって、誠に憂慮すべき問題であった。

そこで、苗字と地名という課題に対して失われた地名を調べる方法を如何にしたらよいか考えたい。大正十二年六月に小川琢治博士は『日本地図帖』一冊を著し、同時に『市町村大字《おおあざ》読方名彙《めいい》』一冊をも編んだ。

これは小字《こあざ》にまで及んでいて精しいものである。私は今もこれらを座右に置いて重宝している。吉田東伍博士の『大日本地名辞書』は歴史地理学の権威の編著であるからこうした苗字研究には是非とも参照しなければならない図書の一つである。旧陸地測量部発行の五万分一・二十万分一等の諸図も発行年代の古いものほど貴重であり、旧地名を調べる手がかりとなる。小川博士の先掲の『市町村大字読方名彙』には「自大正十年一月一日 至大正十一年十二月卅一日 市町村廃合改称新設名表」があって、この一ヵ年間に、百四十余の市町村廃合改称新設件数が一覧表になっているが、戦後の激しい変化はこれとは比較し難い多くの件数を数えるに相違ない。

これらのことは消えた地名を調べ出すことの困難さを示すものであり、現行の新しい地名は歴史地理的要素が欠乏していて思慮不足で無味乾燥なものが多く、そこから沿革史なるものを探し出すことは困難である。たとえば光・燕などと命名したその意味には何のことであるのか。さっぱり訳がわからない。そこには郷土への愛着は何も湧いてこないことである。苗字を地名によって今後調べることの困難さは従前に比して一層はなはだしくなるに相違ない。

苗字と地名の関係はそれぞれに複雑なものであるから、快刀乱麻を断つの譬《たと》えの通り、容易なことではない。そこがまた考えようによっては興味のある点であって、乱麻を解明する苦心は経験者のみが経験しその実感を知るものである。

同一地名は全国に多く、苗字もまた同様である。その上に家は必ずしも定着せず移動する。中世鎌倉時代の関東御家人の東国から西国への移住の問題などは一つの例である。

東北岩手の南部氏は甲州富士川流域の南部から、中国の毛利氏は相州中津川流域の毛利から、それぞれに中世に移ったものであって、こうした武家社会の移住史を研究しその中から苗字研究を考えることも大きな意義がある。

元寇戦役に関係して「異国警固」の必要上西国へ幕府の命に応じて移った関東御家人は多いが、その他の理由から東国の本貫地を手放して移ったものもある。経済上の理由から考えて当時においては、東国よりも九州や中国地方の方が武家生活に適したこともあったに相違ない。こうした経済上の理由によって西国移住のことを研究したものはまだ耳にしないのである。新しい課題として試みてほしいものである。

縁故を利用した信玄の政策

太田博士は紋章や墓碑等も苗字研究の一資料として必要であると説いている。家紋は旗差しの持つ軍旗に見えるのが早い例であって、『蒙古襲来絵詞』に見える竹崎季長の旗の三目結《みつめゆい》の吉文字、大宰少弐景資の四目結の紋章、菊池武房の鷹の羽紋などを挙げることができる。楯に紋を付けた例は『男衾《おぶすま》三郎絵詞』にあるから時代が南北朝時代近くまで下ることとなる。紋付の衣服も同じ「男衾」にやっと散見するので家紋へとそれが定着する時代は鎌倉時代後期と私は考える。

『吾妻鏡』の寛喜二年（一二三〇）二月三十日の記事に見える鎌倉騒動で執権北条泰時家の門前に警固のために馳せ参った御家人達は、自家の旗を携え来ったが、泰時は騒動の原因が不明であって何のために数百騎の軍兵が集まり来ったものかと不審であったところへ、旗差しを従えたものものしいその騒ぎに一層の疑念を深め、「夜陰の程旗を進むべし」と命じたので「老将二十余輩は旗を献じて散じた」。

そこでその翌日、旗を献じた御家人を泰時邸に再び召集し、彼みずから対面の上で旗は各持主へ返した。それを「旗は注文に任せて悉く返し下さる」と記すのみで、旗に家紋があったか否か、この文献では判じ難い。武家と家紋の関係は室町時代になるときわめて密接であるが、それを鎌倉時代にまでさかのぼらせることには無理がある。こう考えてくると、苗字と家紋の問題も一方においては日本家紋史の研究をまず確立せぬことにはその応用は困難である。

甲斐の武田氏は新羅三郎義光（笙の名人）の後裔だとされている。それに関する興味のある文書を近年某家で一見した。それは「晴信」朱印のある左のような「条目」で、武田信玄の文書としては他に類例を見ない珍しいものである。

条目

一当家先祖新羅三郎義光已来園城寺由緒之事付条々

一三ヶ年已来山門之穴太流相伝之事

一云㆓三井㆒、云㆓叡山㆒、一宗勿論候、希者《こいねがわくば》、先祖因縁候之間、智証流真言所望候事、

付園城住侶之内　真言鍛錬之人下向之事

以上七月十三日　（朱印・印文晴信・陽文）□

勝仙院進之候

新羅三郎義光は三井寺（園城寺）の守護神・新羅明神の宝前で元服したのでその後胤である信玄は三井寺の開山智証大師に厚い信仰を寄せていた。ここにもそのことに関連して甲斐国へ三井寺寺中の真言鍛錬の僧を派遣してほしいと請願した。信玄が曼殊院准三后覚恕に手紙を添えて贈った南宋の画人毛松筆の猿図一幅は東京国立博物館蔵の重要文化財である。

元亀三年（一五七二）と推定される浅井氏宛信玄書状には「氏神新羅大明神」と記してある。信玄

は政策的に園城寺や叡山に接近したものであったが、こうした祖先源義光への尊崇の上から信仰を深めたのである。

武田氏が義光の後裔であることを最も強く唱えた人は恐らく信玄であろう。信玄自身は氏神に新羅明神という異国神を奉ずることにより、三井寺を利用して上洛を計画し、天下統一への足掛りにせんと計画した。信長が叡山を敵としたことと対比してそれは巧みに祖先の縁故を利用したものであった。

苗字研究は新聞記事にあるように世間に流行し郷土史家はそれがために多忙だとのことである。こうした風潮は誠に結構なことであるが、それが趣味に終わらず、学問的な裏付けのある着実な研究であることが大切である。実証的な史学研究に立脚したものであることは勿論ながら、さらには民俗学や風俗史学その他の学問も多く導入して何よりも自らの視野を拡張する必要がある。それは従来気付かなかった予想外の新しい見解をもたらす要因となる。

前にも述べたように、先人の研究に満足することなく、この新時代に臨んで斬新なその道の研究が生まれることを私は望みたい。近ごろ著作されるこの方面に関するものを読んで見ても未だ満足な研究には接し難く、如何にももの足らぬもののあることを感ぜざるを得ない。

姓氏と古文書

一

平素、私は余りこんなテーマのことを自分で考えたことはないので、どんなことを考えたらよいのだろうかと迷った。読者の方でもこの表題から何を考えることであろうか、という疑問も出て来る。編集者は如何《どう》いう考えでこんな題目を選んだのかと、問いただして見ると、「苗字や家系を研究する上で、鋭い鑑識眼や知識を必要とする古文書学との関係から姓氏について執筆」云々という注文書が来ていた。注文主からの話をよく聞いて置かないと、寸法が狂って使いものにならないので、そこが大切なことである。

世田谷の等々力《とどろき》町に満願《まんがん》寺という真言宗の寺院があるが、この寺には江戸中期の儒者で書家であった細井広沢《こうたく》の墓があって、国指定史跡となっている。

もともとこの寺は戦国時代にこの地方の領主であった吉良頼康《きらよりやす》によって建立された寺院であるので、吉良頼康文書など数点の文書を伝えている。そうした「満願寺文書」の中に従来より「吉良氏掟案」と称しておった次の一通がある。

どんな内容のものか、それがわからないことには話のしようもないから、煩わしいこととは思うが、まずは文書を次に掲載しよう。

当寺之事、従二上古一、為二御祈願所一間、寺法弥可レ為二堅固《けんご》一条々

一　天下之御祈禱無二懈怠《けたい》一可レ有二執行一事

一　於二寺中一守護不レ可レ入レ手事

一　住持可レ被二相定一儀、可レ然仁躰《じんたい》為二当住一、見計可レ被二定置一事

一　末寺軽二本寺一、勤行《ごんぎょう》等於下無二出頭一之輩上者、可レ令二宗門擯出《ひんしゅつ》一事

一　於二田舎一、不レ可レ有二官位執沙汰一、望之輩在レ之者、以二本寺吹挙《すいきょ》状一、令二上洛一、可二申請一事

右条々、守二先規之旨一可レ任二寺法一、恣之族《ほしいままのやから》在レ之者、堅被二申付一、仏法可レ有二再興一者也、仍《よって》法度《はっと》之状如レ件

天正四年六月廿八日　権大納言在判

このような一通であるが、終りのところに「在判」とあり、これを一般の中世文書には、「ありはん」と仮名書にしたものもあって、それは、鎌倉時代からの文書にも普通に使われていて、そこにもとは花押があったということなのである。

「はん」は「かきはん」のことで印章の方は別に「いんばん」と称しておる。だから「在判」「ありはん」は文書の写しということを意味する。ところが同じく写しと称しても、そこに時間的の差異と

いうことがあって、鎌倉時代の文永九年某月日付の文書をその日に転写しても写しであるが、これを室町時代の応永五年に転写しても矢張り写しと称しておる。

そこで研究者の観念としては応永の写しよりは文永の写しの方に資料的な高い価値があると、そう評価するのである。ところがそうでないこともあって断定は出来難いこともあるものであるから、なかなか面倒な場合もある。それは兎も角、当面この一通は天正四年（一五七六）という信長の時代の写しであることには間違いないものである。

二

戦国大名関係の文書を見ていると、立派な堂々とした文書を遺している武将は、矢張り当時に権力を持ち確乎《かっこ》たる経綸《けいりん》の持主であったり、文化人であったということを、誠に鮮明に示しているものである。

その大名の文書が、彼の自筆であるものは勿論のことであるが、彼の命令を直接・間接に奉じて出した書記であるところの「右筆《ゆうひつ》」「祐筆」達によって草され書かれた文書等であっても、等しく堂々として姿勢を崩していないものがある。今日そうした古文書を観ることは実にたのしいものである。

群雄割拠の戦国の世では一通の文書にも彼等群雄達の生命がかかっていたことと思われる。そのようなことを思うと一通の文書だからとて、それを粗末には出来なくなる。

さて当時のこととして、越後の長尾景虎（謙信）の父の長尾為景へ、小田原城の北条早雲の子の北条氏綱から送った数通の手紙には、打ち解けた親睦なところの見えるものとして多くの武家文書中でも、他にその類《たぐい》のない珍しい文書がある。私はかつて米沢の上杉家で、これらの文書を手に親しくとって観たことがある。少々横道へ逸《そ》れるかもわからないが、大変面白く思われるので、まあ読者も一緒について来て欲しい。その一通は、

追而令レ啓候、和尚之寒山《かんざん》二幅一対《つい》進之候、哀合二御意一候へかなと、令レ存候、前ニ御物《ごもつ》之由承及候、外題者能阿弥《のうあみ》仕レ之候、恐々謹言

卯月廿日　　北条氏綱（花押）

長尾信濃守殿参

この文書は「竪切紙《たてきりがみ》」と称して、東国地方独特の紙の使い方である。このような使い方は上方《かみがた》では見ることはないので、こうした使い方をした古文書があったならば、即座にそれは東国地方の古文書だとそう判断しても間違いはない。長方形の紙を横に使わず、たて長に使うことを「竪切紙」と称する。

この手紙は、日本美術史上の資料としてもなかなか面白いものであって、「和尚の寒山二幅一対」というのは牧渓《ぼっけい》筆の寒山拾得《かんざんじつとく》図双幅一対の掛物《かけもの》のことである。但し、これだけではそれが牧渓真作かということの、その真偽の程のことは如何であったかということは不明ではあるが、それはまた問題

が別であるから、文献の資料的価値は十分である。

牧渓筆であるから水墨画であることはいうまでもないが、その上にそれが、「前に御物の由に承り及び候」というのは「東山御物《ごもつ》（またぎょぶつともいう）」のことであって足利義満の「北山」に対して足利義政の方を「東山」の山荘のことにより東山文化などと称し、義政蒐集の美術品のことを「東山御物」と呼んだ。この「東山御物」の中には宋元水墨画が多く集まっていたのである。

これには勿論、義満より伝来の美術品も含まれている。この牧渓筆の水墨画一対二幅は義政愛玩の美術品であったとの伝えがあるということなのである。そのことを一層強く裏付けることとして「外《げ》題《だい》は能阿弥《のうあみ》」ということであって、能阿弥は義政の同朋衆《どうほうしゅう》であり、「真芸《しんげい》」とも称して、自身巧みな水墨画を描いた一方に、鑑定家として名声の高い人物であった。

さて「外題」は後世の「極札《きわめふだ》」に類するものであって鑑定書のことである。「外題は能阿弥」ということになると、それは骨董の世界では大きな権威が保持されていて、最高の保証書付であることを意味していた。

この文書は大永五年（一五二五）四月二十日のものであると推定するが、氏綱は為景に対してこのような当時における最高の文化財の贈与をしたということとなる。

武田信玄が曼殊院准三后覚恕《かくじょ》に贈った伝毛松筆の猿図一幅は信玄寄進の書状と共に重要文化財となって伝来しているが、これは十三世紀の南宋時代の優品であって、この氏綱書状を見ると、併せてこの信玄の猿図のことを思い出し、戦国武将達の文化的教養の程度の低くなかったことが想われてくる。

なお同じく北条氏綱書状であって、長尾為景宛のものは、この外に三通あるが、それらはすこぶる打ち解けて砕けたスタイルの書状であり、古文書学上からも最高の標本となるものである。

本文は省略して末尾の日付と差出人・宛名の部分だけを掲げると、三通とも日付は違うが、

卯月廿日　岡□（黒印）
為へ

とこのように見える。これらも前の書状と同年の大永五年であるが、手紙には一般に何年などということは省略して月日のみとするのが原則である。差出名の「岡」は氏綱の「綱」を略して符号化したものであり、その下に花押ではなく略式の、さらにそれも朱印よりは一段下位の墨印をおしているが、宛名の方は「長尾信濃守殿」などという正確な、また格式張ったものは止めて、ただすこぶる略式の「為へ」と為景を略称したものである。口頭なら定めし「為さん」と呼ぶところである。

墨印は長方印・陽刻・印文は「郡」の一字印であって、印の寸法はたて一・九センチ、よこは一・七センチである。但し、印文である「郡」の意味は不詳であるが、この上杉文書以外の氏綱文書には散見しない。つまり氏綱の消息は全く格式を破った様式の書状であるところにその特色が発見されるも

のであって、戦国時代の武家文書中に、このようなものは他に全くその類例がない。このことに気が付くようになったのは実は近頃のことであって、私は自分の迂闊さを恥じているのである。古文書の研究には終着駅はない。

こうしたことから氏綱と為景の関係を考えることも必要であって、そのようなことは文献には出来ないことであるから、古文書の研究方法のこれもその一端として新しく考える必要がある。

三

脇道へ入り過ぎたが、天下制覇の野心に燃えた戦国大名の多くは彼の領国は勿論、その内外に発する文書はすべて堂々としたものであった。しかるに武蔵の南部を領地とした吉良頼康の文書はその全部が極めて貧弱であった。彼の文書に親しみのない人にとっては、それらはすべて後世の偽物ではないかとの疑心をすら抱かしめる程度のものである。

吉良氏は足利将軍家に関係のある名門であったが、次第に勢力は衰えて、名門という誉れによって僅かに支えられて、小田原の後北条氏の擁護の下に存続し、秀吉の小田原征伐によって、後北条氏と運命を共にして滅亡した武家である。そうした武家の勢力は彼等の発した文書によって、その人が保持した実権の強弱を十分に測定することが出来るものである。

そのような見地から先述した天正四年の満願寺文書を観ると、領主頼康の文書に比して遥かに立派な筆蹟であることがまず注意されて、この文書が吉良氏関係のものか否かということに疑問を持った。この文書の写し一通が「大平家文書」にもあって、その方は「天文四年」（一五三五）六月二十八日頼康在判」となっていて、著しい相違点が二つある。第一の相違点は「天正」と「天文」の年号の相違によって、ここに四十二年という大きな年代の差が生じている。

第二の相違は「権大納言在判」と「頼康在判」としたことである。要はここでは本文書が吉良氏に関係があるのか、どうかということであるが、結論としては関係はないというべきである。

このように文書をここに引用して私が述べているその趣旨は、過去の「郷土史」を批判することが、目的である。郷土史史料の取扱い方としてその理解の仕方について考えようということであって、この場合の考察の方法が狭量であること、それは彼等が史料の取扱い方に際して視野が狭いという欠陥がそのような誤った結果をもたらす原因になったということなのである。

四

江戸幕府の御書物奉行であった石井至穀《しこく》（安政六年八十二歳にて没す）、この人は世田谷大蔵に住み、地誌として『大蔵村旧事考』と『大蔵喜多見旧事考』を著わし、また『世田谷吉良旧事考』『世田谷徴故録』『世田谷私記』などの著書も遺している。こう見て来ると彼は多くの郷土誌を著作し、郷土愛に燃えていたことがわかる。『世田谷徴故録』に、吉良頼康に就いて、頼康相州蒔田《まいた》に居す、因て蒔田御所と云、亦世田谷に居しめば、世田谷御所と云、古河の晴氏は相州波田野《はたの》に住して、波田野の御所と云、共に関東の武士崇敬の称なり、

と、このような記述のうちにも、筆者が自ら領主を尊崇しておるという気風が、冒頭から働き作用していることが、うかがわれる。

彼の脳裏に描かれた頼康はこのように崇敬される武士であったから、それについて、さらにまた、次の記述が現われている。

人皇一百六代後奈良院 諱《いみな》知仁、大永六年四月廿九日践祚《せんそ》ありと雖、乱世たるによりて、未《いまだ》御即位の式を行はれず、是則料米等の不足によりてなり、故に頼康小田原氏綱に勧めて料金米を奉らしめんと云、氏綱諾す、因て天文四年乙未十月、頼康上洛、九条関白稙通《たねみち》公につきて奏聞あり、帝叡感あり、同年十二月料米幷黄金廿枚を進らす、故翌五年丙申二月廿六日、御即位を執行せらる、時に頼康感賞を蒙り、正三位に叙す。

となし、さらに註記をこれに加えて、

頼康は、等々力《とどろき》村満願寺文書に権大納言とあり、是僣号《せんごう》にや、又は右の即位料の事によりて、正三位の権大納言に叙位ありしや、当時戦国、幼帝の政廃亡の時節しるべからず。

と見えているが、彼の記述は、「私は疑点はあるが、頼康が上洛して朝廷へ即位の費用を献納したので、その褒美の恩賞として、正三位、権大納言の叙位があったと考える」というのであるが、そう考

えたといって彼が断定を下したそれだけの論拠がなお薄弱なために、その補強策としてここに満願寺文書を持ち出して来て、自説の裏付けにしようと考えた次第であった。

後奈良天皇即位は皇室の衰微によって困難を極め、即位典礼の遂行《すいこう》が不可能となっていたが、毛利元就・土岐光親など地方大名達の献金によって、やっとその事が成就したということは史上に著名である。そのような地方大名の中に頼康を加えて数え得ると思っても、そのような史料は全く見当らない。ましてやこの頃に頼康が上洛して、献金をするようなことは到底実現することではない。

そこでこの石井至穀のいうように有力な資料として、この満願寺文書が利用出来るものと仮定した場合には、この文書が史料として内容的に不動のものであることが、必要になって来よう。

こうした立場にあって私は本文書を厳正な態度で検討して見ることとしよう。

まず、吉良氏とか、満願寺とかいう特定の固有名詞はこの文書からは何も出てこない。この寺掟《おきて》はその内容から考えると、その詳細は不明ではあるが、本寺である某寺があって、その末寺へ向って提示した規則である。末寺が必ずしも満願寺であることとは断定はできない。

この文書が満願寺に伝来したことはそうなると偶然のことであって、そこに必然性が乏しいこととなる。そうしたことよりももっと重大なことが、ここに発見される。

それは天正四年の『公卿《くぎょう》補任《ぶにん》』によると、この時に権大納言であって従三位であったのは将軍足利義昭と織田信長の二人のみである。こうなると田舎大名の吉良頼康が権大納言に叙せられるなどということは全くあり得ないことであって、また権大納言を偽称しておったかも知れぬなどということも考えられないことである。

武家では足利将軍と信長の他には容易には昇叙し難いものであることをよく考えるべきである。そうなるとこの文書の名称を「吉良氏掟案」とすることも間違いである。

殊に第五条の、田舎では官位の執《と》り沙汰はしてはならぬ。もし希望の者があった場合には、「本寺の吹挙状」によって、上洛の上で申請せよ。ということは、田舎大名の頼康が命じたものではなく、ここにある「本寺」が末寺に向かって命じたものである。この本寺が真言宗の本山である醍醐寺であるなら筋はよく通ることとなる。醍醐寺の末寺規定を足利義昭が発したということとなろう。

世の中には「贔屓《ひいき》の引き倒し」ということがあるが、郷土愛に燃えた石井至穀は頼康を何んとかして名君に祀《まつ》りあげたい一心から、如何にも論理の通りそうな文献として実は全く無関係なこの文書を持ち出して来たが、結果として失敗したものである。

これは直接本論の主題には関係はないが、研究者の態度が如何にあるべきかということを如実に示したものとして参考になろう。

五

ことのついでであるから述べて見るが、私は先般『吉良氏の研究』という一書を著して、そこでも述べて置いたが、吉良系図には約九本の諸本がある。これは吉良氏を研究する場合には大いに役に立つことであろうと、誰も一応は考えることである。ところが、実にこれらの諸本を調べて見ると、殆ど役に立つものはないのであった。

『寛永諸家系図伝』とか『系図纂要』とても、幕府の命令によって書き上げさせたものではあるが、幕府側からこれらの諸系図を内容的にあらためて検討したり、批判したりすることはなかったのであるから、公的な姿のものであっても、何処まで信頼し得るかその辺りは疑問とせざるを得ない。まして各家々に蔵した自家の系図の信頼度には一層大きな疑いがかかって来よう。

まず「吉良系図」は、三河の吉良庄にとどまった世に称する「西条吉良」の系図と、東国に下った「東条吉良」のものとの二大別がある。忠臣蔵の吉良義央は西条吉良家の方であるからこの系図には関係はないが、すべて吉良系図は世田谷をその成立の場所とし、成立の時は近世のことである。

作った人は必ずしも一人ではないかも知れないが、なにしろ江戸時代の世田谷は田舎であり、その地方の知識人といっても、その程度はたかが知れているから、学識に乏しく、「史料批判」などは到底彼等の手におえることではない。

日本歴史の本筋のことも知らずに、いじくり廻すから、出来上った系図には、荒唐《こうとう》無稽《むけい》な出鱈目《でたらめ》なことが少なくないので信用が出来ない。その反面に正史には立派にあることを、しかもその家の歴史としては重要なことであり、またその子孫にとっては名誉なことでもあるという事実が全然記載されていないということである。

『建武記』とか『建武年間記』によると、元弘四年（一三三四）に京都から鎌倉に将軍成良《なりなが》親王が下って来て滞在しておったので、その護衛の名のもとに建武新政府によって「関東廂《ひさし》番」なるものが設置された。この制度は一番から六番まであって、各番に有力な武将七人宛を補任し、また各番には頭人《とうじん》がおって統率の重任を担っていたが、三番の頭人は吉良宮内大輔貞家であった。

この貞家はその後、足利幕府が鎌倉府を設置して以来は、「奥州探題」または「陸奥管領職」などと称されて常陸以東奥州諸地方を統轄する重職に任ぜられてその子治家《はるいえ》とともに大いに活躍していた。しかし吉良系図にはそのような重要なことの片鱗さえ見ることは出来ないのである。これらは中世以後のその家の歴史としても、家門の誉れとして、むしろ特筆大書するのが当然である。こうしたことから考えて、家々の系図を閲する場合には日本の歴史の進展に合致させて調査し研究することこそ最も重要なことである。

ところが現代の郷土史家の中には、近世郷土史の流れをいまだに棄て切れずにいる人が少なくない。世田谷地方の郷土史には依然として中世の領主吉良氏を伝説化して、時には英雄とし、時には名君であるとしている。何かそのようにすることが、郷土愛であるかのような錯覚を持っているようである。そう考えると一人石井至穀ばかりをとがめることはできないと思われる。

たしか讃岐国であったと思うが、そこに、「楠文書」というのがある。この文書の中に楠《くすのき》長諳《ちようあん》という人物の文書があるが、彼は楠氏の後裔と称したが、足利氏を憚り伊勢に住して、大饗《おおあえ》正虎といっていた。

この男は足利将軍義輝に仕えていたが、その権勢が失墜し、代わって信長が次第に勢力を獲得しつつあるのに着眼して、信長に接近し、永禄元年（一五五八）に彼の祐筆になるとともに楠長諳と名を改め、同二年に信長の執奏によって正親町天皇から朝敵の汚名を削り勅免するとの綸旨を下され、その上に従四位下河内守に叙任され、後には式部卿法印を称した。

彼は秀吉と一緒に信長に仕えていたが、信長の亡き後はあらためて秀吉の祐筆となり活躍したというのである。変転する時勢を巧みに利用した才人である。

信長が長諳を起用したことの一因にそのようなことを確かめ、楠氏の後裔であるという彼長諳自身の宣伝が大いに効を奏したことと思うが、先述の「楠文書」には徴するに足りる資料は見当らない。ましてや長諳が信長に謁して提示したであろうことと推察する楠系図のこともさっぱり不明である。勝てば官軍のたとえのように時勢の変転は人間の運命を左右することは今も昔も変らない。

余談であるが、もし私に文才があれば楠長諳を主人公にした歴史小説をかいて見たい。足利氏全盛の室町時代が衰退して来るとこのように朝敵の汚名も雪《そそ》がれて、それが近世の「楠公崇拝」に発展し尊王思想の一助となった。そうかと思うと現代においては再び楠公崇拝は世界大戦に利用されたが、その反面に尊氏逆賊の考えを助長させた。それがまた戦後は一転して尊氏が再び見直されるようにと変って来た。

六

鎌倉の円覚寺では毎年十一月初旬に宝物曝涼《ばくりょう》といって古文書や典籍類の虫干しをするので、それを機会に多くの観覧者が殺到する。近頃は有料になったが、以前は拝観料など徴集はしなかった。戦時中のことであったが、「尊氏の文書は皆焼却せよ」と叫ぶ男を目撃した。矢張り時勢の然らしむるところなりと驚嘆したものである。

それはこうした無知文盲の輩《ともがら》のみではなく、学者の世界についても余り差のないことのようであった。そのことは小野僧正弘真《こうしん》といい、また文観《もんかん》と称した醍醐寺座主《ざす》は、後醍醐天皇に仕えていた当時の傑僧であった。これに対して同じく醍醐寺座主であった賢俊《けんしゅん》僧正は尊氏に仕えていた。両僧とも同時代に仏教界のみならず、むしろ政界において、共に活躍し、その時代を担っていた第一人者であったが、学者の研究は賢俊よりも文観の方に重点が置かれていた観がある。

こうした南北朝時代観と現代ということについて、私の手許にある小冊子に某氏の執筆された次の記事があるので、それを要約して紹介すると、

某大学のA教授は尊氏の子孫ということで戦前は随分といやな思いをされて来たとのことであった。この教授は学習院に在学中は天皇と同じクラスに学ばれており、当時の院長は乃木大将であった。そ

してこの教授にとって最も苦痛であったことは、日本歴史の時間であって、講義が進んで来て南北朝時代のところに来ると、教授のある前日になると、学校の方からあらかじめ、「明日の講義には、君の先祖の事も出るが、ひがんではいけない」と訓戒され、警告されたが、いざ教室に入ると「逆賊尊氏は後醍醐天皇に背いて天皇を苦しめ奉った」という話になって来る、

教室内の学友――そこには同級の皇太子殿下――今の天皇も含めて、級友の眼が自分（A教授である）を刺すように感ぜられて、じっとその苦痛を耐えしのんだというのである。しかしA教授はそうであったからとて祖先の尊氏を怨むようなことはなかったようであった。

私の読んだその小冊子にはまたこんなことも記されていた。というのは『大日本史』において光圀は忠臣正成を顕彰したその反面尊氏には気の毒なことをしたといって、「これでは後世、足利氏に男児がない場合は、三百諸侯から、おそらく養子の来手（きて）もあるまいから、断絶になるおそれもある。そんな時には、必ず、水戸家の男子を一名遣わすがよい」といったと。

時勢の変転はむしろ恐ろしいものである。史観もまた時の流れに左右され勝ちである。そこに厳正な批判が必要になって来る。殊に天下国家を論ずるというのではなく、自家の歴史を調べるとなると、調べる人の心底にあるものが、そも何であるかということは、その人が如何に虚心になろうと、また努力しようと一変するものではない。

世の中の資料というものは安んじて信頼の出来ないものだということについて、これこそ最大の事例であろうと思われることが、戦後にあった。

七

読者の中には記憶に残っている人もあることと思う。それは京都市下京区の長講堂の宝物のことである。長講堂は後白河法皇が仙洞六条御所内に持仏堂を建立したことからはじまり、後に今のところに移った。その御影堂《みえどう》には秘仏として毎年四月十三日の法皇忌にだけ開扉になる木造後白河法皇像が祀ってある。

この像は明治末年に優秀な作品として当時の「国宝」の「甲四」の指定を受けて、ずっと戦時まで来ていたが、戦時疎開に際して首をとって見たところ、そこに「明暦某年」作という銘《めい》文が発見されたのであった。国宝は鎌倉時代作として特に指定したのであったが、それが多少の時代が降った南北朝か、或は室町初期とでもいうのならまだそれでも許されることではあるが、将軍徳川家綱時代の十七世紀も半ば頃の明暦年間の作品であったということは一体これは如何なることなのかと、啞然とする。

恐れ畏んで秘仏として取扱って来たのはそれが法皇像であったからであるが、信仰上からはそれでよいが、学問上の見地に立つと一変する。あまりにお粗末なことである。今は江戸時代作重要文化財となっているが、これなどは、盲目的に看板に迷わされてはならぬ、という警告の一例である。

古文書についてもこれに等しい偽物は少なくない。古文書学関係の著書は多いが、その一部を割愛して、「偽文書の研究」について説いたものはない。私は自分の心構えとして、このような研究をすることを念願している。そのことの重要性は説明するまでもない。

偽《に》せものにも色々の段階があり、真偽何れとも判断し得ないというところもあり得る。源頼朝文書などはそうしたものが多く、研究困難なものへの一つであるが、現状ではまだ十分な解答は出ていない。先の後白河法皇像のようなことのないことを切に祈りたい。

めくら系図批判

系図の欺瞞と虚構

家々の系図は重要なものであるだけに、その信憑性ということが、系図には大きな関係がある。ものをはかるのに使う「物指し」の方が間違ったり、曲っていたりしていたのでは計量器の役には立たない。それと同じように歴史研究の大きな役割を持つ「系図」が余り信頼できないとなると、大いに再考を要することとなろう。ところが、当初から信じたいと考える系図というものの信憑性は、そう簡単には取扱えないものである。あるいは一応は疑ってかかった方がむしろ安全なものであるとそう考えた方がよいかも知れない。

大略「××系図」というものには、多くの「異本」があるものであって、それらの「異本」を比較研究した上で、信頼のおけるものはどの系図であるかを決定するとか、さらに彼我の諸本を参酌して新しい「一本《いっぽん》」を考案するとかの多くの作業がそこに必要となるものである。

要するに「系図」というものを全面的に信頼することは危険であり、また信憑性に乏しいものが世の中には少なくない、とそう思えばむしろ間違いがない。

系図はどのようにして成立するものであるのか。それを考えることも大切であろう。世の中には古い時代から「偽系図《にせけいず》」というものが存在している。また殊に日本人には「家」を大切にし、祖先を崇敬するという風習の上から、自家の家系を誇示《こじ》し、祖先を偉人化しようとする欲求なり潜在意識が、強く働いてきた。系図の欺瞞や虚構の原因も多くはその辺りに存在していたのであろう。

数本の吉良系図

私は、かつて「武蔵の吉良氏についての研究」という論文を発表したことがある（『軍事史学』一の一・二・三）。

忠臣蔵の吉良上野介義央《よしなか》はこの吉良氏の一流であって、封地は三河吉良庄であった。この吉良氏は、室町時代に一族間の争いによって「西条吉良」と「東条吉良」の二家に分れ、「西条吉良」はその宗家として室町幕府に仕えて将軍の相伴衆となり、京都に住んでいたが、「東条吉良」の方は、三河吉良庄東条を去って東国に下ったとしている。

私の研究した武蔵の吉良氏というのは、この東条吉良のことであるが、その家の系図を研究してみて、それらが全く信頼し難いものであることを知るようになった。しかるに、世の多くの研究者がそうした系図の信憑性を考慮の外に置いて、研究の中に採用されているという有様であることもわかって来た。

武蔵国世田谷《せたがや》に本拠を占めた吉良氏は、戦国時代史の上では問題になるほどの強豪な武将ではなかったが、関東制覇の小田原の後北条氏の支配関係を考察する上からは、等閑《なおざり》にできないものである。このような意味から、それが関東制覇の一大勢力を形成するに足りるものではなかったが、東国に雌雄を決せんとした強豪の間に介在して、何らかの役割をはたした武家であり、しかも、それが足利氏の一族であることからその家の格式が高く、戦国武将間においては特別の存在であった。

そのような特別の意義を有した、この武蔵の吉良氏についての多くの人の知識というものは、『武蔵国風土記稿』の成立したその頃のものから余り進んでいないというのが現状である。

世に数本の吉良系図があるが、それらについて、成立の時代とそれが何処の場所で成立したかということはまだ考察されたことはない。吉良系図には次の九本がある。

①『続群書類従』五の上　②『尊卑分脈』九清和源氏下　③『大平家本《おおひら》』　④『石井家本』（『世田谷徴故録』所収）　⑤『寛永諸家系図伝』十一　⑥『系図纂要』清和源氏十二　⑦『東光寺本』　⑧『大場家本蒔田《まいた》系図』　⑨『勝光院本』

右の①〜⑨の諸本の配列の順位は、この九本を参照して新しく吉良系図一本を作製した場合に、最も材料の少ないものから順次に最も多いものへと配置してみたのであって、それぞれの内容の是非についてはまだ考える以前の段階のことである。

そうした結果は『類従本』や『尊卑分脈』などは、吉良氏の足利時代初期までの人物に関係した場合に限り、それ以降の時代に及んでいない。世田谷の大平氏は吉良氏の家臣であったが、その『大平家本』は永禄十年（一五六七）の書写本ながら内容は簡略であり、永禄初年の吉良頼康までで止めてある。

こうしたことから考えると、吉良系図は『東光寺（目黒区衾町）本』、『大場家本（世田谷旧代官）』、『勝光寺（世田谷区）本』などが記事が詳細であり、従って内容の批判の中心となるものである。『寛永諸家系図伝』も『系図纂《さん》要』も、ともに徳川幕府が書上げさせたものであるが、幕府は特に一つ一つそれらの内容を検討したり、批判したりなどはしていないので、これらも信憑性にはやはり問題は残るであろう。

つまりこれらの吉良系図の諸本はどれも大同小異であって、どれが善本というほどのものは一つもない。その理由は以下に述べることであるが、これらの吉良系図の成立は近世のことであり、その成立の場所は世田谷であろう。またこれらの系図を作成した人々は確実な史料を手にせず、また各自の学識そのものも豊かでない、そうした人物が作成したものであろうと推定してよろしい。

西条吉良、東条吉良

吉良氏の出自——三河吉良庄は愛知県幡豆《はず》郡吉良町と西尾市の地域にあって、その庄名が文献に見えるのは、平治元年（一一五九）六月六日（陽明文庫本『兵範記』裏文書）である。

吉良庄下司の平弘陰《たいらひろかげ》なるものが、法服束裳《も》（女子の服装）を調進したというのであって、この吉良庄は、崇徳天皇の中宮藤原聖子である皇嘉門院領であり、『九条家文書』（天理図書館所蔵）にはその荘園の預所職が治承元年（一一七七）に「宣旨御前《せんじごぜん》」と称した藤原参子に安堵されており、同四年の皇嘉門院惣処分状には「みかはき良」と記している。

九条兼実所領譲状案にも「参河国吉良東条西条」とあるから、西条東条にこの庄が二つに分れたのは鎌倉初期のことであり、この後に三河国守護職を有した足利義氏《よしうじ》が吉良庄地頭となり、その二子長氏・泰氏があり、吉良庄は兄長氏に譲り、弟の泰氏には下総国埴生《はぶ》庄を譲ったが、この泰氏につき『勝光院本』吉良系図には、

此迄三州幡豆郡吉良庄西条居住、此より世田谷居住、寺者実相寺

としている。この泰氏は吉良庄には関係のない人物であり、また吉良氏にも無関係の人である。まして や「世田谷住」云々としたことはまるで雲をつかむような突飛なことである。

一方、兄の長氏には満氏と国氏の二子があって、『今川記』には吉良祖を満氏、今川祖は国氏として、『今川家譜』にも吉良・今川両氏が足利家に対して保持する家格のことを権威のあるものとして記述してあるのも参照になる。

『勝光院本』に見える「寺（名）は実相寺」とは、泰氏ではなく足利満氏法名実相寺殿（『今川家譜』）のことであって、西尾市の実相寺がそれに関係があり、瑞境山実相寺と称して関山《かんざん》派の禅宗寺であっ

吉良家系図

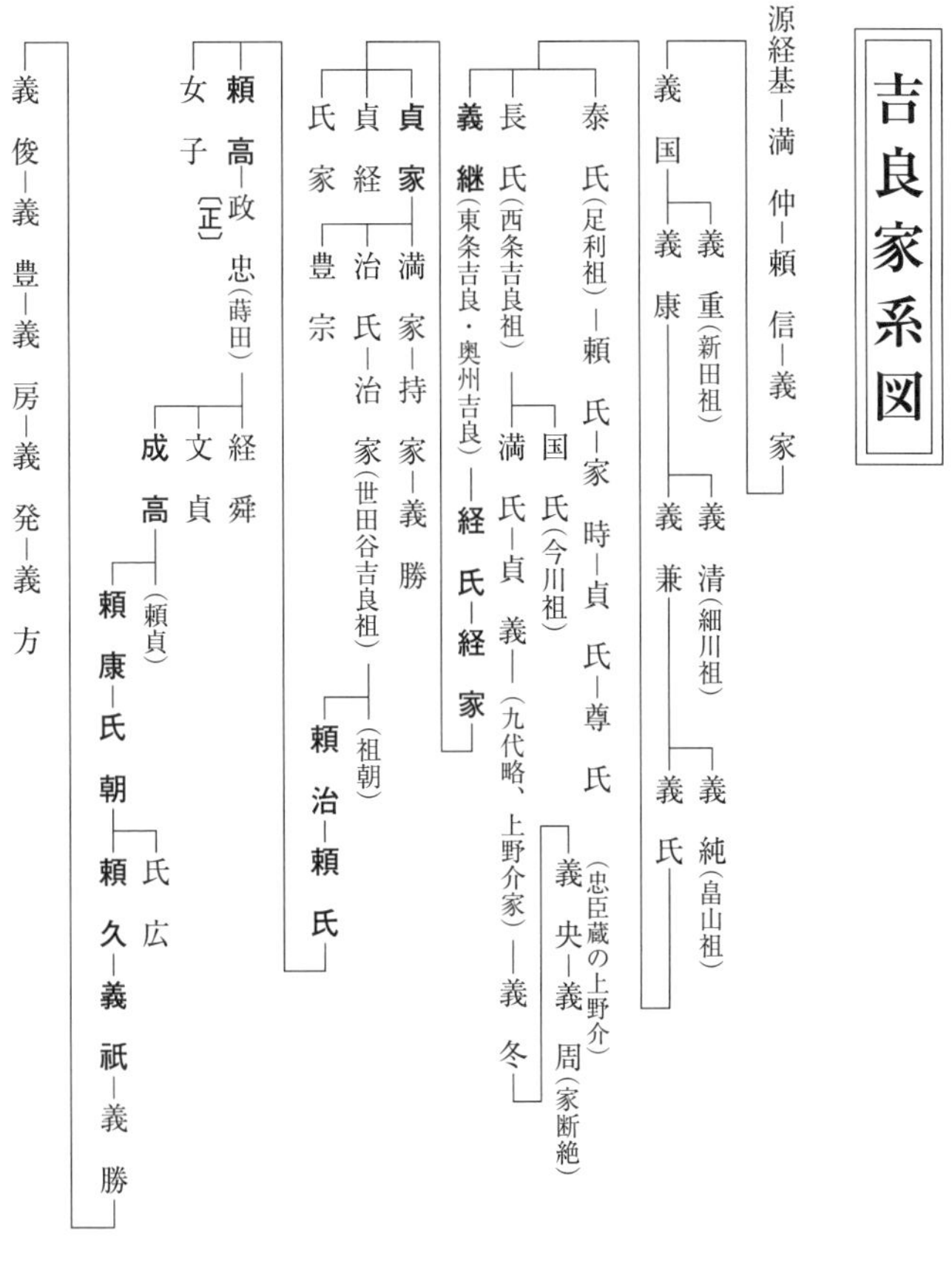

▽吉良は、三河、越後、阿波、土佐などに多く見受けられる地名である。三河吉良氏は、清和源氏義兼の三男、左馬頭義氏が三河吉良庄地頭職を与えられ、その子長氏がこれを譲りうけて吉良庄に住んだのがはじめといわれるが、その分流は必ずしも定かでない。本系図は、数本の吉良系図をもとに作成したもの。

て、『元亨釈書』や『本朝高僧伝』には満氏が聖一《しょういち》国師を招じて創建したとしている。私は先年本寺について精しく調査もしたが、吉良家の祖廟は今は影も形もなくなっていたが、このように吉良系図は満氏ならぬ泰氏を実相寺殿と誤り記しているのである。

この長氏・満氏の子孫は俗に西条吉良と称し、『尊卑分脈』には泰氏・長氏の間にさらに一子「義継」があって、これは足利左馬四郎・吉良と註がある。

大体このように吉良系図では、泰氏・長氏・義継の順で配列した兄弟関係を示しているが、それは『尊卑分脈』の順序とは相違し、その相違のどちらが正しいのか、その判断は不詳であり大いに疑問はあるが、こうした疑問は疑問として将来の研究に期待しよう。

さて義継の子孫の方を東条吉良と称し、東国へ下った吉良氏はこの義継の子孫であった。従って問題はこの義継にあることとなるが、吉良氏関係諸系図以外に義継のことを徴《ちょう》する史料がないので、一応吉良系図諸本によって義継を考える他はなかろう。

『尊卑分脈』の吉良系図には「渡唐帰朝」と見え、『続群書類従』本には「渡唐帰朝の後、遁世して奥州へ下る、子孫奥州の一方の管領」とし、『世田谷徴故録』系図にも詳記して「世に奥州吉良ト云」と結んでいるが、これらの諸系図を通じて第一に注意されることとは、全く年代記的な記述を欠くことであり、生没年次はおろか、事蹟についての年代も皆目不明であり、記述の上に少しの具体性が見えないのである。

西尾市下矢田『養寿寺本』吉良系図にも「後年陸奥国へ下向、蒔田《まいた》氏祖」とあるが、その子孫についての記述はない。つまり吉良庄の方では義継系統の吉良氏のことは全く空白であって、義継以降の吉良氏は関東地方にて成立した吉良系図のみに限るのである。結局、義継の事蹟は系図以外には徴し難い。

次いで系図には経氏、経家と次第し、経氏は満氏の子、義継の猶子《ゆうし》と『尊卑分脈』は記し、経家には「号藤谷」と註している。これは奥州安達郡藤谷庄であるとしているが、現在その地が何処であったか不詳であり、岩代国の小浜町上長折の四本松城址（塩松城）であるともいうが、これも確証に乏しく、すべて吉良氏の奥州下向なるものの裏付けは至難のことに属している。

系図の信憑性

ここで吉良系図というものが如何に信憑性の乏しいものであるか、また吉良氏にとってこれほどに重要な史実をその系図に記さずに終ったということを述べよう。

吉良系図に、初めて確実な人物として登場するのは吉良貞家である。吉良氏が吉良庄を離れて東国に下ったことについて色々と疑問を提出したが、その疑問は裏付けになる傍証が皆無であったことに帰因する。『建武記』には「関東廂番《ひさしばん》」のことが次のように散見している。

関東廂番

定　廂結番事　次第不同

一番

（中　略）

三番

宮内大輔貞家（吉良）

（中　略）

六番

中務大輔満義（吉良）　蔵人伊豆守重能（上杉）

右守二結番次第一無二懈怠《けたい》一、可レ令二勤仕《ごんじ》一之状、依レ仰所レ定如レ件、

元弘四年（一三三四）

とあって、「廂番」の「三番」に吉良貞家があり、「六番」に吉良満義が見える。

この廂番は、将軍営中の廂御所に宿直し、将軍護衛の大任を担当し、正嘉元年（一二五七）十二月（『吾妻鏡』）に仙洞御所の例にならい鎌倉幕府が宮将軍宗尊《むねたか》親王護衛の十人宛を一組とする一番から六番までを配置したのを、後には一組十二人に増員し、建武新政府の場合にも鎌倉の将軍成良親王の護衛としての関東廂番を設置し、これを重職としたのであった。この結番衆は足利氏方の重要人物の

みによる構成であるので、吉良貞家の補任は歴然とした事実として吉良系図にはこれこそ大きな誇りとして特筆して然るべきであった。

この吉良貞家は、南北朝時代の貞和二年（一三四六）から文和二年（一三五三）に至る八年間に奥州に活動し、「奥州探題」あるいは「陸奥管領職」の役職にあったので常磐地方以北・東北地方に多くの文書を遺している。

貞家の一子は吉良治家であり、この人も陸奥管領の任にあったが、足利義満が将軍になると関東管領が直接に奥羽両国を支配することとなって、陸奥管領は廃止されたので吉良氏は鎌倉府へ引揚げた。吉良系図にはこれらの史実の記載は一切欠けているが、武蔵の吉良家にとっては甚だ重要な事項であったはずである。

系図の正体

貞治二年（一三六三）十二月二十五日吉良治家書下《かきくだし》（鶴岡八幡宮文書）に「亡父貞家」とあるが、吉良系図は「貞家―治氏―治家」と誤記し、杜撰な系図の正体を暴露している。

そして吉良治家が世田谷郷を鎌倉鶴岡八幡宮へ寄進したのは永和二年（一三七六）のことであるから（同宮文書）、世田谷に所領を有したことは判るが、その地に在住したか否かの速断はできない。

吉良系図は治家を「飽間殿《あさまどの》」と称し、上野国碓氷郡飽間郷を賜わるとするが、飽間斎藤氏は新田義貞に仕え、延元三年（一三三八）越前藤島合戦に滅亡したので、治家にその遺領が下されたのであろう。治家の一子頼治は近時発見の鎌倉円覚寺蔵「大般若経刊記」にその名が見えるが、これによって、治家は明徳二年（一三九一）夏までの生存が確認され、頼治は応永十二年（一四〇五）十二月までの生存が確実となった。

この応永三十三年には明確に「世田谷吉良殿」（長弁『私案抄』）なる人物が世田谷に本拠を有したが、具体的にその人物が誰であるかということを推定し得ず、文明十七年（一四八五）に及ぶと禅僧万里《ばんり》集九《しゅうきゅう》が太田資長（道灌）の江戸城に招かれ、吉良成高との応対接近が、集九著の『梅花無尽蔵』に散見する。また同十二年の『太田道灌状』にも「吉良殿様」として吉良三郎成高の名を見出す。

しかし系図には成高の父政忠なる人物が見え、世田谷豪徳寺蔵の宝篋印塔《ほうきょういんとう》を論拠として『武蔵国風土記稿』にこの政忠の伯母、頼高の娘として「弘徳院殿久栄理椿大姉」なる人物のことが記してあるが、この石造物を史料としてこのような結論が得られるか否か多くの疑いがある。

横浜市の勝国寺の伝吉良政忠塔についても釈然としない疑問を保留し、結局、政忠の存在に疑問があることとなるが、世田谷勝光院の貞和五年在銘の吉良頼氏墓に至っては、後世の偽作であることは明確である。

次いで関東争乱の因となった足利成氏が上杉憲忠を討った享徳三年（一四五四）撰出の『殿中以下年中行事』にも、「吉良殿」の称は足利氏の「御一家」として特定の家格を保持したことの趣の記述が多く、これも吉良系図には全く散見しない重要なことである。

また相承院快元の『天文記』に吉良頼康を「吉良殿様」と敬称しているのに対し、北条氏綱に対しては「氏綱社参」「氏綱帰宅」などと一向に敬称を省いている。これは当時には氏綱の実力よりもこのような吉良氏の家格がむしろ実力を凌《しの》いだものであったとの解釈によって理解し得るのである。

紀州熊野の那智大社に「旦那《だんな》名字注文」と称する一通の書付がある。この旦那は檀那のことであり、施主《せしゆ》のことである。熊野修験《しゆげん》の御師《おし》は全国に国別の檀那があって、それは御師の株となり、特権となって、売買ができた。この書付はそうした檀那名簿を名字――苗字を御師が書いた注文、つまりメモである。その中に、「吉良殿」として、その下に細字の註記がある、「名字之地遠州、御賞翫《しようがん》あるについて、公方様《くぼう》、御門送り《かどおく》あり」と。このような註は容易に理解することはむつかしいものであるかも知れぬ。ところが、私には直ぐにいとも簡単にわかることである。私は読者に向かって大いに引け《ひ》目《め》に思っていることは吉良氏のことを余りに幾度も繰りかえして話したということだ。大層わかり易い話であろうとつい重複してしまったのであった。この那智の「名字注文」は「名字の地遠州」というのは三河が正しいのであるが、次の「御賞翫」とは「身分が貴い」ということである。「公方様」は足利将軍か、鎌倉府の主の関東公方を云うが、ここは関東公方の方である。その公方が吉良殿に対して、「御門送り」をするということは、一体どういうことかというと、公方館に祇候した吉良殿が帰参するに際して、わざわざ公方が、彼を玄関なり門まで見送りに行くということである。これはすこぶる破格な待遇であるという、そのことを明記することによって、吉良氏の家格の貴さを示したものである。この「名字注文」には同じく足利氏一族であった石塔《いしどう》氏のことを「石堂殿、御門送同前」と記している――石塔・石堂この両様に書く――これも吉良氏と同様に家格が高いので足利公方が門まで送って来たというのである。このことは足利成氏《しげうじ》が享徳三年（一四五四）に選述した「殿中以下年中行事」というものに「門送」のことが詳しく記してあるので、その記事を思い合わせるとよくわかることである。何でもひろく読んでおけばこうして役に立つものであるということの一例としよう。

永禄・天文期の吉良頼康・氏朝父子関係のことは、系図の他に多くの文書が遺っているので、この吉良氏の動静を詳しく知ることができるが、最後に北条氏勢力下の吉良氏朝《うじとも》に関係した川崎市上丸子八幡町大楽院の巨大な木彫釈迦像の胎内墨書銘の近年の発見は、吉良系図の研究に大きく参考となる史料を含んでいる。

重複を厭わず吉良系図を具体例として系図そのものが如何なるものであるかということを説明してきたのであるが、これによって系図を盲目的に信頼することの危険を避けてそこに十分な批判を加えることの必要なことを、私は力説したかったのである。

Ⅳ　古文書

古文書の復活

――古文書とはこういうものである――

「古文書」を全くの素人に理解してもらおうという目的で書いて見たので、専門の方々にこれを見ていただいてご批判を乞いたい。啓蒙ということにも私どもは努めねばならないと思うのでその試みとして記してみたものである。これを「まえおき」とする。

一

ここにいう復活はリバイバルの訳語であって、つまらないといっては失言になるかも知れないが、古文書の中には内容的に一見したところではそれほどに興味のありそうもないものがある。

こうしたことは古文書に限ったことではないが、ものの価値判断というものは簡単に決まるものではなく、複雑なもろもろの条件を具え、それに伴って評価も区々となるものである。

ところが一見して余り面白くもなさそうだと思う文書は大体余り価値もないということになり勝ちなものであるが、そうした古文書であっても一旦それに関係のある他の史料を探し出して来て併せて見ると全く違った意義が、あるとか、別の様相があるとかそういうものをそこに発見して、一段と鮮かな、また格別な存在価値が生まれるものである。いがいな価値を発揮するといった方がよい程に光り輝くものがあって、それこそまさに「復活」の文字が適当であるように思われる。

そのままでは一片の反古《ほご》と化してしまうものが、再び生命を得て蘇生《よみがえり》し、復活するのである。検討を加えることによって、立派に生きて使えるものであり、こうして無味乾燥と思われるものが史料として存在の価値が認められるのである。

古文書を見るときは、内容がすぐれているとか、その文書の執筆者が特殊な人物であるとか、あるいは時代が古いとかと色々の点から評価して考えられるものであるが、またそうした評価のうちにも幾段階かがあって、そこに上下の区別があり、優劣の差が付けられる。その他にどうにも評価のつけ難いもの、いわばそれ以下のものもあろう。

どんなに時代は古くあっても誠につまらぬものであるとされるものもあり得るのである。しかしそのようなつまらぬものと思われた古文書がはたしてそうであるかどうかは実は疑問である。時を得るということは人間のことばかりではなく、こうした古文書の場合にもあり得ることである。学術的の価値があるということは万古不易の法則のようにも思われるけれども、それが実はそうでないのである。

そのようなことがあってはならないことであるが、学問的な観点に立つと思ったそのことが矢張り人間のすることの悲しさから、そこにも時の流れということがあって、古文書にも浮き沈みがあるものである。古文書はまた書画骨董の一部として取扱われる。そこで市価もあり商品として取引もされる。

この市場での評価は必ずしもそのもののもつ学術的価値と一致するものではなく、それはまた自ら違った標準があって価格が決められるのである。

この方の標準は私ども研究者には余り関係はないが世間には何でもそうであるように、収（蒐）集家があって市場から求めて収集している人がある。この収集家には研究と趣味の二方面があり、更に収集の方針なりテーマなりを持つ人もあって、さらに財力に任せて恐ろしい吸引力をもつ人もある。そのような人の力はよく市場を左右するものであって、ある特定のものが、そうした人たちのために市場から吸い取られて姿を消して行くのである。これは国内だけではなく、時には外国から吸い取りに来て持ち去られてしまうこともある。こうなると研究上にも支障を招くこととなって、そうした実例は多々ある。

古文書についてのこのような評価ということは専門家の間でもなかなか決め難いものであり、また一度決めた評価が固定しているものでもないのである。そうした変動の多いものではあるが、比較的に安定した評価といえば矢張り学術的な評価ということとなろう。

二

先年私は慶応義塾大学図書館で同館所蔵の多くの古文書の閲覧を請うたことがあった。数多くある古文書の内に「反町十郎氏寄贈文書」と称するものがあって、その中の一通に次の文書があった。

　擇□　□太政大臣日時

　　今月廿二日乙酉　　時亥

　　　貞和四年十月廿日陰陽助安倍朝臣「親宣」

とこう記してある。差出人の名の「親宣」の二字は自署《じしょ》であって、自筆の署名である。

この文書は「日時勘文《にちじかんもん》」と称し、何かのことをおこなうに際して、その日と時刻の吉凶を占い、そのことの先例を調べて報告したという、そういう文書である。

この場合は太政大臣任命の日時の勘文であり、立派な公文書である。こうした日時勘文はその用が済めば不要となるものであるためか、或いは宮廷という狭い範囲で行なわれたためか、今日に伝わるものは意外に少ないのである。

もっとも記録類に引用せられて間接的に伝わるものはあるが、古文書として当時のそのままの姿で伝わったものは甚だ稀であり、そうした点から、日時勘文の標本としてこの文書は珍重すべきものである。

しかしながら先にも述べたように、その内容は極めて簡単なものであって独立してこれ一通だけでは何のこともない、つまらぬものであるといって仕舞えば、またそれもそれ迄のことである。正直な話であるが、私もこれを観た瞬間にはそのように思ったのは事実であるが、私はただ日時勘文を余り見たことがないので、その実物の標本としての価値を認めたのであったので、請うて撮影をして置いた次第であった。

その後になって少しくこれを調べて見ようとして私自身あらためて認識を新たにしたのであった。この文書の出されたのは貞和四年十月二十日のことである。貞和四年は一三四八年であり、北朝年号であって、この年に北朝側では十月二十七日に光明天皇が皇位を皇太子興仁親王に譲って、崇光院の践祚《せんそ》があった。そのことの直前に洞院公賢《とうのいんきんかた》を太政大臣に任ずることが決められた。公賢が太政大臣に任命されると任命の日には「任大臣節会《にんだいじんせちえ》」が行なわれるのであるが、それらは先例に従って任命の日と時刻を勘するのが定めとなっていて、そのためにはこうした勘文が認《したた》められた。

洞院公賢は当時第一流の政治家であり、かつ博学者であり、大部の日記を今日に伝えた人物であって、その日記は中園相国《なかぞのそうこく》の通称によって「園太暦《えんたいれき》」と称している。幸いにも彼自身のこうした日記が伝来することによって、この文書はまた孤立して存在しなくともよいことになって来た訳である。そのような日記の扶《たす》けによって蘇生し、復活《リバイバル》することが出来たのである。一片の古文書はこうしてふたたび復活するものである。しかし、そのようなことは稀な例である。

三

公賢の日記―園太暦の貞和四年十月二十日の条には「奉行家司記按察入道相代書之」ということが記されている。自身の日記であるから自分で本来は記しつけるのであるが、この日は公賢自身が「任太政大臣」の当人であり、そのために勅使を自邸に迎えて、天皇からの任命のための勅旨を伝える「兼《かね》宣旨《せんじ》」なるものを受ける儀式があって多忙を極めた。

そのために奉行をした家司《けいし》の記したものを引用して自分の日記に代えてこれを補ったということなのである。そしてその家司の記は按察入道日野賢明が代わって記録したということである。それにはこう書き出してある。

貞和四年十月廿日発未、今日任太政大臣兼宣旨の日なり、よつて早旦より庭上に砂を敷く……亥の斜めに及んで……

と、これはもと漢文体であるが読み易く仮名まじりにあらためて見た。この日の亥の刻とはもう夜の十時頃であったが、勅使である蔵人勘解由次官《かげゆのすけ》平時経が来て、当人である公賢の座の前にひざまずいて、

太政大臣になしたまうべし、日時を勘し申さしめよ

といった。これに対して公賢はただ低い声で、

唯《おお》

と答えて承諾の意を表した。勿論この前後には色々の儀式的な行事が行なわれているのであるが、そ

れらは繁雑でもあり、余り興味もないのですべて省略して置こう。

勅使が退去してから公賢は「陰陽師《おんようし》を召せ」と命じたので、陰陽師安倍親宣《あべのちかのぶ》が主人公賢の座前に参進した。燈下には硯・紙なども用意せられていて、親宣は墨をすり筆を染めた。

その時に主人はさらに「任太政大臣の日時を勘申せよ」と命じた。すると親宣はひそかに懐中から「日時勘文」を取り出して家司に渡したので、更に家司はこれを主人に献じたと、ここにはこう記してある。

これによると陰陽師はあらかじめ「日時勘文」を事前に作って内々それを懐中にしてその場に臨んだのであって、儀式であるから形式として墨をすり、筆に墨をつけて執筆の支度をしたのであった。

勘文を受け取った主人の公賢はこれを披見した。日記には「懸紙あり」、と見えているから当然のことながら、今はこの「かけがみ」は失われているがこの文書を包んだ「かけがみ」つまり「封の紙」があったこととなる。そしてその「懸紙」を開くと勘文が入れてあって、日記の方にもそれが筆写されている。

擇申　任太政大臣日時
　今月廿二日乙酉　　時亥
　　貞和四年十月廿日陰陽助安倍親宣

とある。これは前掲の文書そのものであるが、今日に伝わるものは長い歳月の経過によって損傷し、数字が欠損してしまった。その欠字もこの日記の方の勘文によって判読することが出来るのである。「擇申　任」の三字がそれである。

しかし一方また日記の方にも脱字があって、それはこの遺った文書によって補訂することが出来る。すなわち「安倍朝臣親宣」が正しいのであって、日記の勘文の方には、「朝臣」の二字が脱落している。

主人はこの勘文を一覧してからまた臨席の人々にも回覧して再び主人より家司に手渡して式を終るのであった。こうして公賢の「任太政大臣」の日時は決定したのであった。

この文書はその当日の二十二日が終れば一応の用途も終了したこととなって反故の文書となるのは当然である。しかしそのような文書が如何にして今日に伝来したのか、その謎を解くことはなかなか困難な問題であって、それを解明することは全く不可能である。ただ結果として六二五年以前のものが伝来しているという事実は間違っていないのである。

そしてこの文書はすこぶる単純な内容のもので、この文書だけを単独に見ていても余り得るところはない。しかし以上のような歴史の事実の中にこれを置いて見ると、このような文書も生気を得て立派な生きた史料となり復活するものである。極めて単純な外観であり、内容にも乏しい文書であるが、それにもかかわらず以上のような文書であるから、ましてやもっと内容の豊かな文書となるなら、なおさら一段と生気潑剌《はつらつ》としてよく往事を物語り、そこに興味津々たるものがあることはまた当然であろう。古文書とは誠に不思議なものである。

偽文書の始末

一

私はここ数年間に、古文書などを色々と購入して自分の研究資料としてきたが、Aさんからも多くの文書を購入した。Aさんは古書とともに古文書の売買も業とする人であるが、近頃では、このAさんのように古文書を取扱う商人は少なくなった。商売となると相当扱う品物の目利《めきき》が大切となるが、それは古文書の鑑定のことであり、簡単に誰にでも出来るものではないので、東京辺りでもそうした能力のある古本屋さんは少なくなってしまった。

そのAさんを私はある日訪ねて、近頃手に入れた古文書を色々と見せてもらった。私はこうして時々はAさんを訪ねるが、商売とはいえ、Aさんは一日を私のために費やして相手になるのが常である。時には店の若い人を私の相手にと、その座敷によこすこともあるが、これはAさんが私を商売上から、ひそかに利用しているようにも、私には思われる。

この頃の若い店員さんは古文書の取扱いの方法が全然わからなくなっているらしい。巻物の巻き方とか幅物《ふくもの》の懸け方などがその一つであるが、それを実際に私の相手をさせることによって実習させ、また私に指導をさせようというのが主人の魂胆《こんたん》らしいと私は思ったが、これは少し私の思い過しであったかも知れない。しかし、太い巻物――巻子装《かんす》の取扱い、それを解いたり、巻いたりするのは指の「さばき」であるが、相当の歳月による熟練・技術を要するものであって、初心者にはなかなかに至難の業である。しかし他方学者の中でも巻子装に仕立てられた古文書の取扱いが立派に、完全に出来ないようでは、古文書の研究者であるとは言い難いと私は思っている。

私はこの日もAさんを訪ねて珍しい色々の古文書を見ることが出来て、そのうちの数点を求めようと思った。その時に座敷の廊下に古文書というか、「がらくた」というか、そのようなものの積んであるのが眼に留った。これは私に見せる程の品物ではなかった、いや見せたくないものであったらしい。その瞬間、私は早くも一幅の破損し汚れた古文書を手にしていた。

主人は「ああ、それは偽物ですが」と頭からいいながら「一山《ひとやま》」を「込《こ》み」で買って来たとのことで、この偽物も計算して見ると約二万円ほどになっているとのことであった。私はその古文書を一見して「阿々大笑」したが、偽物もここまで行けば大概の人は、いや少し具眼《ぐがん》の人なら騙《だま》されることはない。

偽ものは何でもそうだが、真偽の判別の容易なものから相当に困難なものまで実に千差万別なものであって、紙幣の偽札事件は世間を騒がせ、詐偽は人間の為ものであり、それを見破るかどうかで事件が発生する。

それらと同じように、古文書には古い時代から相当の偽物が作られて人々を惑わせて来た。古い証文は古文書と称するが、それも当初から偽証文として作製せられた。有名な建武年間の「二条河原落書」にも「この頃都にはやるもの」として「謀綸旨《にせりんじ》」を挙げているように、また「謀書罪」は重罪として古来扱われていたように、偽文書は限りなく作製されて世間に横行したものであるが、また一方には平安朝の三筆三蹟をはじめ、古筆《こひつ》・墨蹟《ぼくせき》などの偽物も巧拙・多種多様に存在して伝来した。従って真偽の鑑定は、「古文書学」の発展を促進し、研究を刺戟したが、現代の科学の力をもってしても、なおまだ鑑定はなかなか容易ではない。

ところでAさんが何処かで買い込んで来た偽文書は、かの有名な小田原の、後北条氏の「虎の印」の朱印をおした北条氏康「印判状《いんぱんじょう》」であった（史料一）。

　　　　掟

本郷へ当手之軍勢之外、甲《と》乙人《こうのひと》一切出入令㆓停
止㆒候、若背㆓此皆㆒当郷へ来もの者搦捕さたわ?い候ハヽ
可㆓打設㆒、御世上火急ニ付、籠城無㆓二ニ可㆓走廻㆒儀
宿中同意之由祝着候、依而小簱或弓鑓似合〳〵
致㆓支度㆒於㆓走廻者ニ㆒いか様之草苅以下たり共
其勤ニより任㆑望一廉《ひとかど》引立可㆑遣、此儀少も無㆓疑

心㆒走廻リ可㆑為㆓肝要㆒、但シ本宿近郷共町人衆ハ
仰置候間、已来《いらい》其方之判形を以陣中可㆑致㆓出入㆒、
尤町年寄ニか丶わり候由ニ付、任㆓筋目㆒申付候、後年迄も
不㆑可㆑有㆓相違㆒、為㆑其印形出置候、仍而如㆑件、

（虎の印）

弘治二（一五五六）丙年
辰八月十二日　　　　金子紀伊 奉之

岩崎対馬守殿

この『北条氏印判状』は右のように判読するのである。この文書はその当時の文書と比較して見ると随分と相違がある。その相違はこうして活字にして見ても或いは外見的に写真によって見ても著しい違いが眼につくのである。

この印判状が真実にその当時——戦国時代のものであるならそんな相違はない筈であり、普通でないというのはこれが偽文書であるためである。一見してそのような疑点をこの文書が持っていると言うことは、一体どういうことなのか。それは偽物を作った人に古文書の知識がなかったからであり、そのためにこうして立ちどころに馬脚を暴露してしまったのである。

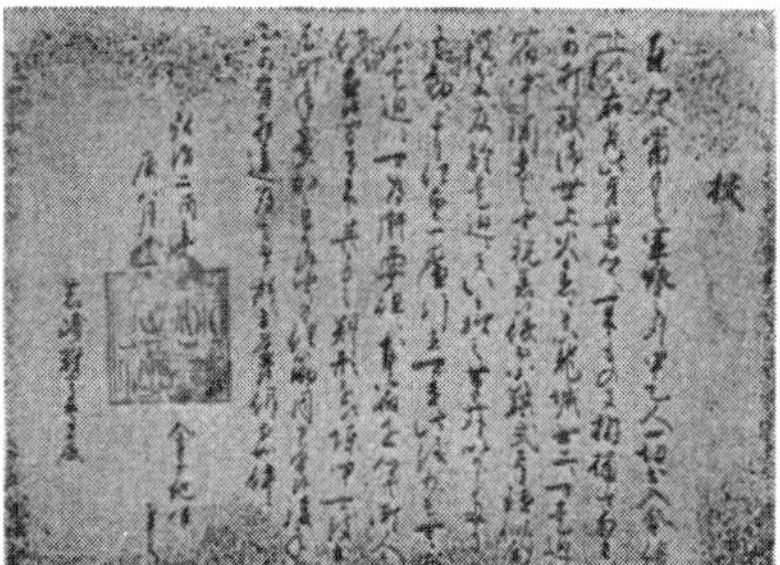

これを試みに同じ『北条氏印判状』の確実な文書と比較して説明して見ることとしよう（史料一二）。

この読み方は、

葛西堤之事郷々之多
少大途之如二帳面一各申合、
間数を定早々可レ被二築立一之
者也、仍如レ件

己卯（虎印）
二月九日　山角紀伊守 奉之
遠山甲斐守殿
同千世菊殿
遠山同心衆中
高城下野守殿

右のようになる。実物——古文書学では「原本《げんぽん》」と称している——では第一に料紙が違っている。偽物の方の紙は今日の美濃紙のようであるが、渋紙のように茶褐色に着色がしてある。このように紙を故意に古めかしく見せるために染色しているものにはとかく偽物が多いものである。この偽物の方

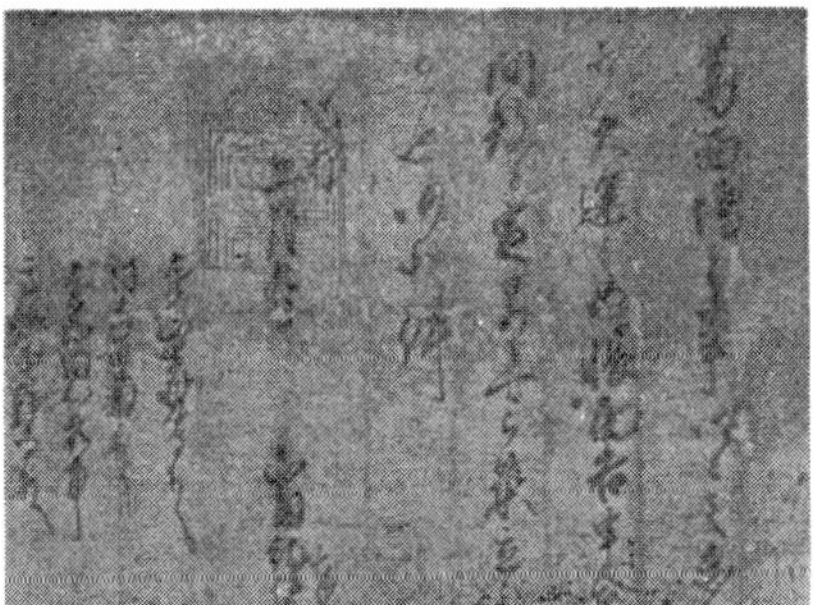

（史料一）はたて・よこは、三四・五×四九センチである。

　また史料二は三〇×四〇センチとなっていて普通の北条関係文書より少し大きいが、もっと大きい紙を使った文書も北条関係にはあるので、必ずしもこの点は真偽の問題には関係はない。要は紙質の古さの問題であって、その点から考察してまず紙が新しいことは、偽物の致命的な一点である。

二

　次には虎の印のことである。この印は陽文「祿壽應穩」の四字に重郭方印、その方形は七・六センチであって、郭上に眠った虎が坐している――眠った虎のことは、『日本歴史』昭和四十二年正月号所載拙稿「虎ノ印に憶う」を参照――偽文書に捺された虎印もほぼ同一寸法であるけれども、印文の字画に少々の間違いがあり、虎の姿にもミスがある――容貌のミス、背中に毛描きがないことなどがそれである。

　そのようなことよりもっと著しい違いは、印肉の悪いことである。印肉も大体戦国時代になると油が混じているので、文書に捺した印影にも油が滲《にじ》んでいるものが少なくない。この偽文書にも油が滲んでいることは怪しむに足らぬが、印肉の朱色の悪いことは如何にも隠し切れない弱点である。

　先年箱根湯本の早雲寺に詣でて、この寺が近年購入した信州小笠原元子爵家旧蔵文書を閲した際に、同寺に虎の印の模造木印のあるのを見たことがある。

また山形県の通称「山寺」という立石寺には「立石倉印」と印文のある平安時代初期の古印が伝来しているが、現在同寺では護符に「立石倉印」を黒印として信徒に頒布するため捺しているが、それはこの古印ではなく矢張り同型の模造印の方である。大体印章はこのように模造が出来るので、偽造印も多々あることとなる。

古文書の印章についてもう一つ重要なことがある。それは捺印の位置であって、この虎の印についてそれを述べるなら、この偽文書のように「日付」の下の方に捺することはなかった。必ず「八月」とある「月次」を印章の中心に持って来て捺印していることは史料二によっても明確である。

このようなことは書式として規定されていて、これを称して「書札礼《しよさつれい》」と言う。このような「書札礼」は各家々によって多少の相違があって、それによって、直ぐにこれは何処の文書であるということの判明する場合もある。

そのことの好例としてこの日付の下の方に「金子紀伊」とあって「奉之」と二行に傍書がしてある。これは北条家の重臣が主人――この場合は北条氏康《うじやす》である――の命令を奉じて文書を発したこととなって、これを文書の「奉者《ほうしや》」と称し、その意味から「奉之」と傍書するのであるが、その傍書の位置が史料一と史料二を対比すると左右逆になっていることに気が付くであろう。

これも文書として工合の悪い点であって、前に述べた書札礼では「北条家」は右傍を規式としていて、当時戦国時代には甲州武田家が左傍となっていたから、この偽文書は武田氏流となっていて工合が悪い。武田勝頼の滅亡以後に甲州に入国した徳川家康は、この武田流を継承していて「奉之」は右傍の書式となっている。また「金子紀伊」という書き方もおかしいもので「金子紀伊守」とすべきであって、これもおかしい点である。

次には「弘治二丙年」「辰八月十二日」と二行に記しているところがおかしいのであって、またその上に間違いとしては甚だ幼稚な誤りである。

この弘治二年は西暦一五五六年で「丙辰」の年に相当しているが、正確に記するなら「弘治二丙辰年」と干支《えと》は右と左にならべて書かねばならないのを、このように「丙」は年の方に「辰」は月の上にと二分してしまったのでは全く無意味となって、これだけ見ても怪しいものだと簡単に見破られてしまうのである。

これは「弘治二、歳次丙辰八月十二日」とも書かれるところであるので、その意味からすれば一層おかしなものであるが、当時の書き方からすれば「弘治二年丙辰」でもよいのである。年号歳次の書き方で先年偽作の大問題を惹起した国宝「永仁の壺」のことは、古陶器研究家がこうした古文書の知識に暗かったためである。

年月日は一行書きにするのが原則であるが、それを略式にして二行書きとする様式が中世後半から生じて来て、これを「付《つけ》年号」と称して略式のものであるから、それがさらに略式となって史料二のように「己卯」と干支だけになったのであるが、この干支は矢張り月日とは別行にして干支と月日を二行としたのであって、これを続けて干支月日と一行に書くことはないのである。この偽文書を作った人間が無学な者であったことが、次第にこう見て来ると明らかになって来たようである。

三

もう大体この文書が救い難い拙劣な偽ものであることの証明は明確になって来たと思われるが、いま一つの疑問として提案の出来ることは、これは「写し」であって、元来よいものがあってそのものを、後世に模造するときに色々と間違えてしまったのであろう。「写し」は「偽作」とはそのニュアンスが稍《やや》違っていて、写しならば「史料的価値」があるので、それはそれとしてまた役に立つものである。

そこで次に、文書の文章を検べて見ると（図二）の方は何の疑問もない立派な当時の文章であり、この「己卯」は天正七年（一五七九）であって、その大意は武州の古利根川の葛西堤の築堤を各郷村の賦役として割り当てて定められた堤防の間数《けんすう》に応じて築きたてよとの北条氏政からの命令を遠山甲斐守政景、その子の千世菊、遠山同心衆、松戸城主高城胤辰《たかぎ》らに伝達したものであり、文中の「大途《だいと》」とは当時の東国特有の用語であって、現在の『国語辞典』・『言海』の類には見えない言葉である。「大途」とは、「殿様」のことであって、すなわち、ここでは小田原城主の北条氏政を指したものである。

このようにある地方の、ある時代の特有の言葉を使うことは乏しい知識では偽物の作者には容易に出来ないことである。この偽文書の文中では「搦捕さたわい候はゝ」とあるのはどう言うことなのか不明であるが、その次の「打設」は「打殺」が正しいのであろう。「殺」は古くは「煞」と書いたので、この字が誤り写されたのであろう。

この次に「無二に走廻るべき儀」とあるのは矢張り戦国時代の用語であって「尽力する」との意味の言葉である。また「依而《よつて》」は「仍而」が正しいのでこれも誤字である。（北条氏関係文書についてはこの偽物の作製者は多少の知識があったように思われる）

さらにそれ以下の文中に、「町人衆」とか「町年寄」などとある言葉は全く江戸時代のものであって、戦国時代のものとすることには大きな矛盾がある。このように文章、用語の上からも偽作のあとは著しく、これは原形となる「原本」があってと前述したが、その「写し」と言うようなものではないこととなる。従って偽造の時期はごく新しく、大体は江戸末期のこととなろう。

それから先に一言述べるのを忘れたが、この「虎の印」は北条氏の「家印」であって、北条早雲伊勢長氏宗瑞《そうずい》にはじまり、氏綱・氏康・氏政・氏直と北条氏五代にわたり、八十年に近い間小田原城の当主に限ってあいついでしばしば使用されたという、権威に裏付けされた重要な印章であったのである。拙著『印章』（昭和四十一年吉川弘文館刊）に詳述した。

さてこの『北条氏印判状』はこのように偽作の文書として何ら値打《ねうち》のないものであることを立証し

て来たが、そのようなものを如何様に始末したらよいであろうか。

話はもとのAさんに戻って来るが、私は早速にAさんに今やこの一文《もん》の価値もない偽文書を「下さい」と願い出た。Aさんは直ぐ私の申出に応じてその偽物を私に呉れたが、勿論それは無償であった。その時にAさんは「こんな偽物が再び市場《しじょう》に出ると世間の人を惑わせますから……」と付言した。

私は一理あることだと、これを聞いて感心した。私はこれに答えるかのように「これは私個人が持つことは色々と困ることともなろうから、私の大学のものとしてもらって行きましょう」と言った。

私の大学の私の研究室には旧国宝であった鎌倉時代の古文書をはじめ、近年購入の数千点に及ぶ莫大な文書が収蔵されていて、これらは古文書の研究と教育のために大いに活用している。そうした数多の古文書は原則としては真偽の上からは勿論偽物の疑いのないもののみであるが、「真」は「偽」を研究することによってなおよく理解し得るものである。

また初学入門の学生の指導も大学の一使命であるので、大学の研究室がこのような「偽文書」を蔵することも重要なことであろうと考えて、私はこのような偽文書を研究室に収蔵することとした。そこが個人のコレクションと大いに違う点である。個人は決して偽文書をあつめようとはしないものである。ところが大学は研究上から偽文書もまた重要な資料である。その上に私の懇意にしている表具師のNさんが、近頃この破損して汚くなった古文書を立派に表装して呉れたが、表装が立派になると「偽物」と少しマッチしないようにも思われて来た。Nさんはこれまた無償でやって呉れたので、大学は思わぬものを「ただ」で収蔵したことになった。

こうしてこの「偽文書」は商人の買入価格の二万円から一文の価値もないものに一挙に転落してしまったけれども、学術上から考えるとまた立派に研究と教育の資料としての十分な価値を持つこととなるのである。かつまたAさんの先のような意見にも十分に沿うこととなった訳である。

誠に世の中は面白いものであって、偽文書の始末に困るAさん、それを喜んでもらって行く大学の先生。斯くて「偽文書始末の記」は終ることとなった。

堀直寄鉄砲注文書

——大坂夏の陣の新史料として——

十五条の条書

もう数年前になる。S書肆の古文書売立目録にこの文書が出ていたので、私は購入しようと注文した。もう売れましたとの返事であったが、如何にも心残りがしたのでその書肆の主人へ写真を無心して贈られたのがこの写真である。それから数年を経て判明したことであるが、この文書を購入した人がわかった。そのお方は私の師事する中村直勝博士であった。意外といえば意外なことである。

この文書の差出者は「堀丹後守」とあるが、これは堀直寄《なおより》という近世初期の武将であって、この人の文書を数通入手して私の研究室所蔵文書に加えているので、何かこう旧知の人のよう

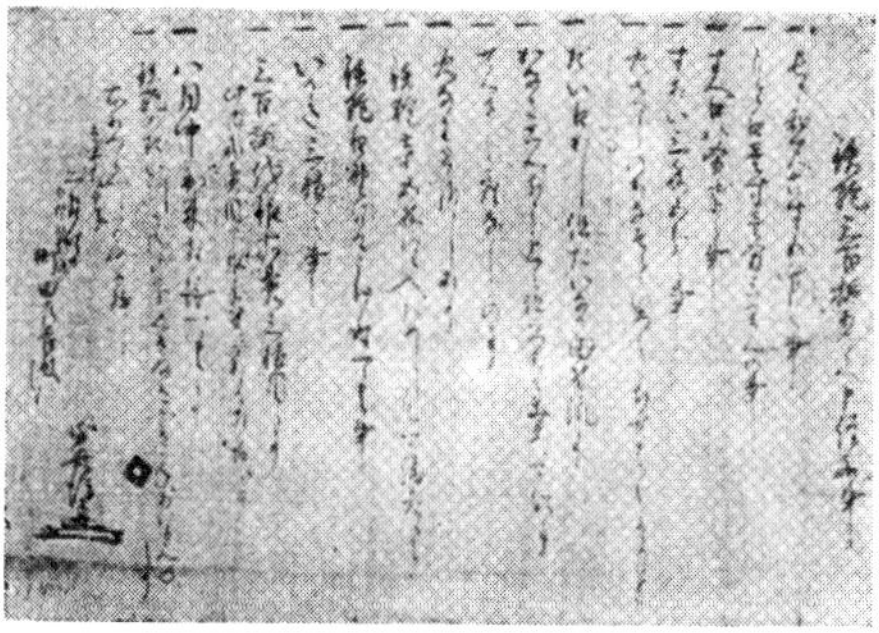

堀直寄鉄砲注文書（慶長20年2月4日）
34.3 × 51.3cm

な気がしてつい文書の方にも親しみを持つようになったのである。古文書に親しんでいると、文書を通じて文書を出した人と対話をしているような錯覚を持つものである。

私は一九六一年夏に、越後村上市にある臥牛山の舞鶴城址を訪ねた。この城は堀直寄の城であるが、彼がここの城主になったのは元和四年（一六一八）四月のことであった。

旧城主の村上忠勝の家中に騒動があって、その責めを負って忠勝は封地没収の上、丹波篠山《ささやま》城主松井康重へお預けの身となった。堀直寄は越後長岡城からここへ移封されて、寛永十六年（一六三九）七月二十九日卒去するまで二十余年の間、この城にいた。

さて、いちおうこの「堀直寄鉄炮注文状」を読んでみよう。

鉄炮三百梃あつらへ申注文事

一長さ弐尺六寸五分之事

一もと口《くち》壱寸壱分三りんの事

一すへ口《くち》八分半之事

一すあい三刃五分之事

一火さらのあな、そとひろく、うちせはくきりをと」し可ㇾ申候事

一だい白かし、但たいなり田付流事

一かなこしんちう上々、但いつれも丈夫ニ可ㇾ仕事

一せんさし座なしの事
一火なわとさしあり
一鉄炮薬五匁つゝ入、ためし候て可二請取一候事
一鉄炮日野にてうけ取可レ申之事
一いかた三倍之事
一三百梃代銀六貫三拾目之事
　此内弐貫目丁銀手付ニ京ニて相渡候事
一八月中ニ出来相渡可レ申候事
一鉄炮のたい引かねの下ニくきぬき、やきかねニあいもんの事
　右あつらへ候所、仍如レ件、
　　慶長弐十年
　　　二月四日　　　堀丹後守（花押）
　　　　日野鉄炮屋
　　　　町田佐吉殿
　　　　　まいる

とて、十五条の条書となっている。条書は奇数とするのが原則である。

珍しい鉄砲注文書

文書は読むと同時に内容を理解することであり、理解ができなければよく読んだことにはならない。だが理解することにも程度があるので、ここでは大略の理解ができればいちおうはそれでよいのである。

鉄炮は火縄の種子島銃であって、その銃の「もと口」とか「すへ口」とか記されている。また「すあい」・「火さらのあな」などともある。火縄銃の研究家には何の苦労もなく理解されることであろう。「だい白かし」は銃台を白い樫の木で製作し、それを田付《たづけ》流の鉄炮様式にという注文であろう。田付流炮術家田付景澄《かげすみ》の「鉄炮伝書」が現存（早稲田大学図書館所蔵本は慶長十七年の日付がある）していて西洋武術家として著名であったその流派のことである。

次の「かなこしんちう」・「せんさし座なし」は、ともに私には不詳である。「火縄とさし」も、実際はどんなものであろうか。

「日野」は近江国蒲生郡日野であるが、この近江国では坂田郡国友村の鍛冶師が鉄炮製造で著名であって、徳川家康は慶長二十年（一六一五）正月十一日国友鍛冶に鉄炮造りの命令を出しているが、この堀直寄の文書は同じ年の二月四日付であることが、家康の命令に関係して注意されてこよう。直寄が日野の方へ注文を発したのは恐らく国友の方への家康の注文が製造能力の限界となったことによるのであろう。三〇〇梃の鉄炮は日野にて受取ることを約している。

その代銀は六貫三〇匁とあるが、その内金として丁銀《ちょうぎん》（銀貨）二貫を手付金とし京都で先払いするとしていて、鉄砲三〇〇梃の納期を八月中と契約して約半歳の期間を見積っている。これが大坂夏の陣に対するこの二月初旬における一つの予想であったこととなろう。

次は「鉄炮の台、引金の下に、釘抜、焼金に合紋のこと」とて、これは紋章のことであって『釘《くぎ》抜《ぬき》」とか「釘抜に梃子」・「釘抜菱」・「丸釘抜」などの紋章は釘抜を家紋として利用した（『日本の家紋』一五八ページ参照）ものである。

そしてこの堀直寄の文書には釘抜紋が図示してあって、木製の銃台に焼印でするように命じている。堀直寄の家紋はこの釘抜紋であったことも明らかである。

慶長二十年（一六一五）は七月十三日に改元して元和元年となったが、ここでは改元以前の慶長二十年二月四日付であり、日野の鉄炮屋は町田左吉とて氏名が明記してあるのも珍しいことであって、いちおう大名である堀直寄が、宛名に略式ながら「殿」の「敬語」を使用したことも、鉄炮屋がこの当時に地位を認められていたものとの理解を、こうした古文書の書式の上から観察することができる。

大坂夏の陣（慶長二十年＝一六一五）の緊迫は、前述したように家康による国友鉄砲製造の命令から家康は相次いで同年三月二十二日に駿河籠鼻に大砲の鋳造を命じている。この直寄による鉄砲三〇〇梃の注文は、この正月と三月のちょうど間にあった。

これはこの文書によってはじめて知り得る新しい事実であって、古文書としても鉄砲注文状は珍しく、それだけに色々な意味で興味の深い古文書である。

S書肆から誰が購入したものであろう。それはこの文書の所在の行方を探すこととなるが、恐らく所在は不明であろう。大坂夏の陣の新史料としてここに紹介する。

ところが文書は前に述べたように中村先生の蒐集文書中に納って、その後は「雙柏文庫文書」の名称をもって大和文華館の有に帰した。

由比正雪の自筆消息

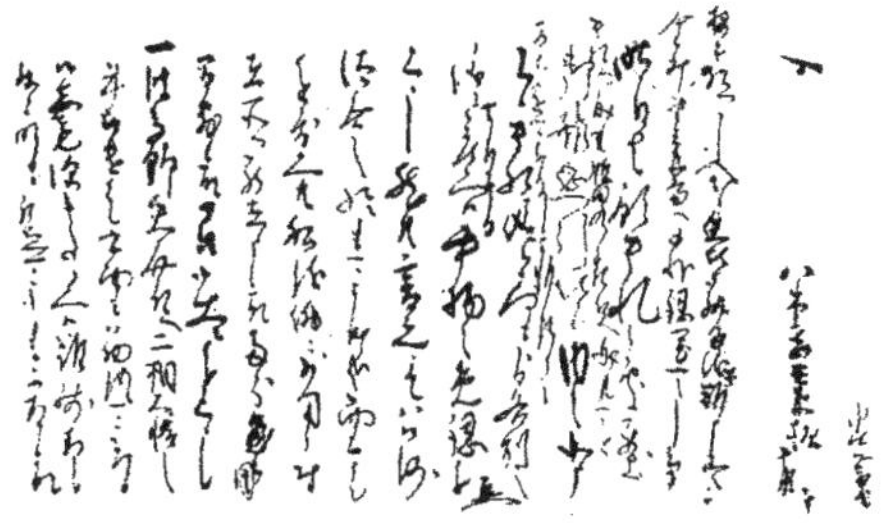

由比正雪の自筆消息

もう今から三十六年の昔になろうか。私のところに由比正雪の手紙だという掛物になった一通の古文書が持ち込まれた。当時の私はまだ三十余歳の若輩に過ぎず、由比正雪のことなど何の知識もなく、丸橋忠弥と一緒に慶安四年（一六五一）に慶安騒動を起こした人物だという程度のことであった。それにしても、こういう有名な人物の手紙となると、まずは疑っておいた方が確かだという場合が多い。多分これも同様だろうと思った。ところが、その持って来られた文書を拝見すると簡単に片付ける訳には行かないところがあるのに、いささか迷いが生じて来た。それは俗悪なところがなく、いかにもほんとうに品《ひん》があって優秀な文書であるということなのだ。その上にその所蔵者は小泉策太郎氏であると知って一層の緊張感が湧いた。小泉氏は「三申《さんしん》」と号し、当時（大正から昭和初期）政界の惑星と称されたが、その生国が伊豆であることから駿河の由比正雪に関心が深く、明治三十年（一八九七）には裳華房から「偉人史叢」の一冊として三中著の「加藤清正、由比正雪」が刊行されて当時の読書界に好評を博した。そのように正雪に深い関心のあった三中の所蔵ともなればなお一層の慎重さが必要になると、そう考えた。そしてこの文書を調べる過程で、できたのがこの小論であり、これは昭和十七年に草したものである。

昭和三十六年に進士慶幹氏著『由比正雪』（人物叢書）吉川弘文館刊一冊が刊行になり、それによって正雪の謎は大いに解明された。そして進士氏はこの「由比正雪自筆書状」をその著書の巻頭図版に入れられたが、この書状に比較するだけの価値のある文書は一通も現存しないことを明らかにされた。そのように唯一であるこの正雪自筆消息も今は行方不明となって、僅かにこの一葉の写真にその面影を遺すのみになった。恐らく、戦災に焼滅したことであろう。

一

由比正雪自筆の書状は奇しくも小泉策太郎氏の蔵するものである。氏は生前において本文書については何等言及する所なく、従ってこれを論拠とする新しい意見も遺されていない。また本書はかつて一度或る展覧会に出陳せられて世に公にせられた事もあったが、今に至るもこれについての紹介ないし研究はなされていないのである。それ故今ここに私の紹介するのが最初であろう。

概念的に見て、まず由比正雪の自筆の文書が伝来していると云う事実に対して我々はその真偽と云う事に、少なからぬ警戒を必要とするのである。これは最初に取扱わねばならぬ問題である。

即ち文書の形式が問題とされるので、ここに掲げた文書の写真を見ながら、その説明に入ろう。封の部分は結封であったから、その「しめ封」が上部に残存している。そして宛名として「八木甚兵衛様貴報」と書かれ、差出人として「由比正雪正真」と書かれている。

書状の本文は書出しに「昨日者預二貴札一」云々とあり、末端に至って書終り得ずしてさらに最初の余白に認め、行間書をして「恐惶謹言」と結び、日付を書し、その下に花押が書かれている。

いかにも当時の書状として少しの破綻も認められず、書風においては松花堂流の達筆な、雅味のある筆蹟が認められ、これまたいかにも近世初期の書風として矛盾がない。松花堂は昭乗の号であって江戸初期の石清水八幡宮瀧本坊の社僧であり書画に秀でて、寛永三筆として三藐《みかく》院、光悦と並び称された。これが松花堂流の書道の祖となる人物である。更にその墨色もよく、紙質も近世の楮紙として十分に肯定され、古文書学的にいずれの諸点をとって見ても時代的に一致し、形式上は偽文書とは考えられぬ。次に内容の検討においてはどうであろうか。これに先んじて全体を判読することとする。

昨日者預二貴札一候処、罷出御報延引仕候。内々如二申上候一、貴様儀者何もより各別(格)之儀ニ御座候へハ、書物之免認進上申候。然共爰元にてハ御沙汰無レ之様ニモ可レ被レ成候哉。面上ニテ進度候へ共、私儀俄ニ少用ニ付、在所へ罷立申候故、多分懸二御目一間敷候故、即御使ニ進上申候、

一波多野矢介殿へ二相大悟之書被レ遣候て書面も御物語可レ被レ下候。御志も深き事ニ候へハ難レ残

存㆒候、我々明日ニ罷立可㆑申も不㆑存候故、扨貴様へ申入候、近比御残多儀難㆓申尽㆒候、金井半兵衛方への状認置可㆑申候間、貴様へ成共、飯田九郎左殿へ成共、可㆑進候間、被㆑遣可㆑被㆑下候。

恐惶謹言。

七月十日　　　　　　　　（花押）

由　比　正　雪正真

（結封うわ書）
「〆　　　　　　　　　　　　」

八木甚兵衛様貴報

右において、当時の用語として矛盾のあるものは一つも存在していない。文意もよく通じ、この点において否定せらるべき何物もない。殊に本文書の差出名において新しい事実が認められる。由比正雪は諸記録に由比、油比、由井、油井とし、名もまた、松雪、正雪、の二様があるが、本文書によれば「由比正雪」と自ら書いている。さらに宛名の下に細字を以って「正真」と判読せられる文字がある。これは今本文書が表装のため僅かながら下端の一部が切断せられていて充分に判読する事は不可能であるが、先のごとく判読してよいと思われる。

書状の差出書の部分として、この書方は実名の書かれる部分として形式上一定している。これについて帝国図書館本（今は国会図書館）の『油井記大全』上巻に彼の名を「正貞」と記し、下巻には「正真」と書かれている事を思い合わすべきである。これは他の記録には全く見ない処であるが、「貞」

と「真」とは草書においては混同されやすい書体である。そのいずれに定むべきかは不明ながら、ここに本文書によって或いは正真とすべきが如く考えられる。かく他に見ざる事実が認められている事も注目さるべき一事である。

偽文書には往々信拠すべき文献に基づき、その内容を作為したものがあって、これは逆に文献の内容とも事実が一致しているとの理由によって、内容的に誤り信ぜられる事がある。その点かくのごとく、他に所見なき事実を発見し得るものは、反って作為の少ない例が多いのである。

由比正雪は諸書に彼は楠流の兵法軍学を説いたと伝えている。当時楠氏崇拝の国民思想は勃然と世を風靡していた。織田信長の祐筆として楠正虎が長諳と号して信長に仕えたのは永禄元年の事であり、その翌年、正虎は河内守に任ぜられ逆臣の汚名を雪《そそ》ぐの綸旨《りんじ》を賜り、楠氏の後裔としての名誉を称えられるに至った。

次いで慶長九年には林羅山の『楠正成伝』が出て、その子林鵞峯は文集に正成画像の賛、或いは楠公父子桜井駅図の賛等十指に余る楠氏崇敬の感激的文辞を掲げ、さらにこの当時を過ぎた寛文頃に至り、安東省庵の「三忠伝」、種田随軒の「楠父子二代記」、村田自新の「楠正成伝」等、続々と上梓せられ世に流布したのであるが、この風潮さらに水戸学において尊王思想としての一大飛躍を遂げるに至った。

こうした時代において彼が楠流の兵学を以って一家をなしたと云う事には自らその理由の存した事

は勿論であろう。また一方においては、彼は「太平記評判読」としても名を得たと云うのも、同じ趣旨のものであり、このような事によって処世の道を得た人物が楠氏の通字の「正」を以って名乗りとした事ももっともな事である。これにより由比正雪正真と自称したのである。

さらに彼の花押は、正真の二字を草書を以って記し、これに基づき花押を作ったものであって、これまた全然他に所見のないものである。勿論花押の形式としても、古文書学上少しの矛盾も認められないものであって正しいものと信じてよい。

なお彼は江戸に在って書道の指南をも行ない、これを以って大名旗本の家々へも出入りしたと伝えるが、本文書の筆蹟はいかにも書において一家をなす者の筆勢、これによって筆者の学識の相当であった事実が裏書せられるのである。もし由比正雪の筆蹟が他に遺存していたならば、それはかかるものではないかとの推定を可能ならしめ、さらに正雪の身分からしても、他に祐筆のごときものを置き得ることとも考えられないから、これを以って彼の自筆であると推定してよいのであろう。

二

さらになお、内容の問題である。本書状は八木甚兵衛への返事である事は上書《うわがき》によって明らかであるが、この宛名の人物については全く他に所見はなく、これを明らかになし得ない。しかし本文中において「貴様儀者何《いずれ》もより各別之儀ニ御座候へハ」とある事によって、正雪は彼に対して身辺の重大事を密かに告げ、いかにも甚兵衛その人との関係が密接であったということを思わせるのである。

これに次いで「書物之免《めん》認《したため》進上申候」とあるのは、勿論楠流兵書伝授の免許を指すものであり、甚兵衛が正雪の特別の門弟であったとの師弟関係が明らかにされる。そしてこの伝授が弟子として最高のものであった事は「然共《しかれども》爰元《ここもと》にてハ御沙汰無之様ニも被成候哉、面上にて進度候へ共」とあるように、直接面会の上にて伝授したいとの希望が述べられ、その不可能な理由として「私儀俄ニ少用に付、在所へ罷立申候故」と記し、「多分懸㆓御目㆒間敷候」と再会を期し得ないという切迫した有様が十分に予想せられているのである。

徳川家康は奥山流の剣道の秘術を奥山急加斎より受けるに、まず血判誓紙を出してこれを授かり、さらに急加斎に加禄してこれを遇した（奥山文書）。武道伝授の尋常にあらざる一証としてこれを考えるなら、この簡単な文字の内に再会を約し得ぬ弟子への、極意の伝授と云う事が述べられていると考えてよいであろう。そこで万止むを得ず「即御使ニ進上申候」たのである。

なおまたこの甚兵衛がいわゆる慶安騒動に荷担しなかった人物である事は、以上によっても推定せられるのであるが、さらに後の方に、「我々明日ニ罷立可㆑申も不㆑存候故」とし、「近比御残多儀難㆓申尽㆒候」等とも見え、彼是いかにも尋常ならぬ空気をそこに感ぜしめずにはおかず、甚兵衛との離別の惜しまれているものがある。また「在所へ罷立」とあるのは、故意にそっけなくかく記したものである事は勿論である。それは慎重な正雪の警戒心によるものである。

次の「波多野矢介」なる人物もまた不詳である。「二相大悟之書」は軍学の書であって、これについて参照すべきものに左の一書がある。それは本騒動において大坂方の首領となった金井半兵衛の軍学書と称するものが現存している。本書の真偽については相当の研究を要するものと考えるのであるが、その奥書に、「凡此四相大悟之法者、奇妙神通之術而非三愚人之所二以及一也、故能発二明此法一、則雖レ隔二千里計一、敵莫レ不二自在一、往昔鎌倉之代畠山重忠得二此理一而悟二四相一云々、誠甚深微妙之秘法也」とある。この二相と四相との相違はあるが、両者の関係は認め得るのである。もって二相大悟なる書の内容も大略推察せられる。

次には「金井半兵衛方への状認置可レ申候間、貴様成共、飯田九郎左殿へ成共、可レ進候」と、金井半兵衛と正雪との関係において、明日にも江戸を出発せんとしている正雪は、すでに半兵衛と別れ、直接に相会する機会を有しなかった事実が、これによって判断出来る。彼は半兵衛への書状を認めて、これを甚兵衛或いは飯田九郎左衛門なる不詳の人物のいずれかに託しているのである。

最後に本書状の日付を見るに、「七月十日」となっている。諸書には彼が江戸を出発したのは、慶安四年七月二日の早朝と見えているが、本書状中に明日にも罷立やも知れぬとて、出発の時期の未定である事が認められているのであるから、其間まさしく符節を合する事が出来るので、本書状を以って慶安四年七月十日付のものとして大過なきものと推定される。以上によって本書状は事件突発の直前の史料として、豊富な内容を有する興味の多い一史料であることを証明し得たことと思われる。

註　金井半兵衛軍学書は、その影写本が東京帝国大学史料編纂所に架蔵せられている。そしてその原本の所在は今不明であり、親しく原本について、その真偽を判定する便宜を有していない。よってその奥書を左に記して参考とする。

「凡此篇ハ軍変之通道而大有益之法也、予先祖正成以㆓此理㆒得㆓戦道之妙㆒也、以㆓此法㆒欲㆑教㆓敵変㆒其端千変万化、而極尽㆑筆也、簡雖然粗説其大概発㆓其智願㆒観了、自心明徳明而何可㆑不㆑足㆓通変㆒乎。

東海油比翁楠正雪

橘正之

慶安三年寅　金井半兵衛尉

十一月吉辰　正教（花押朱印）

飯田采女佑殿」

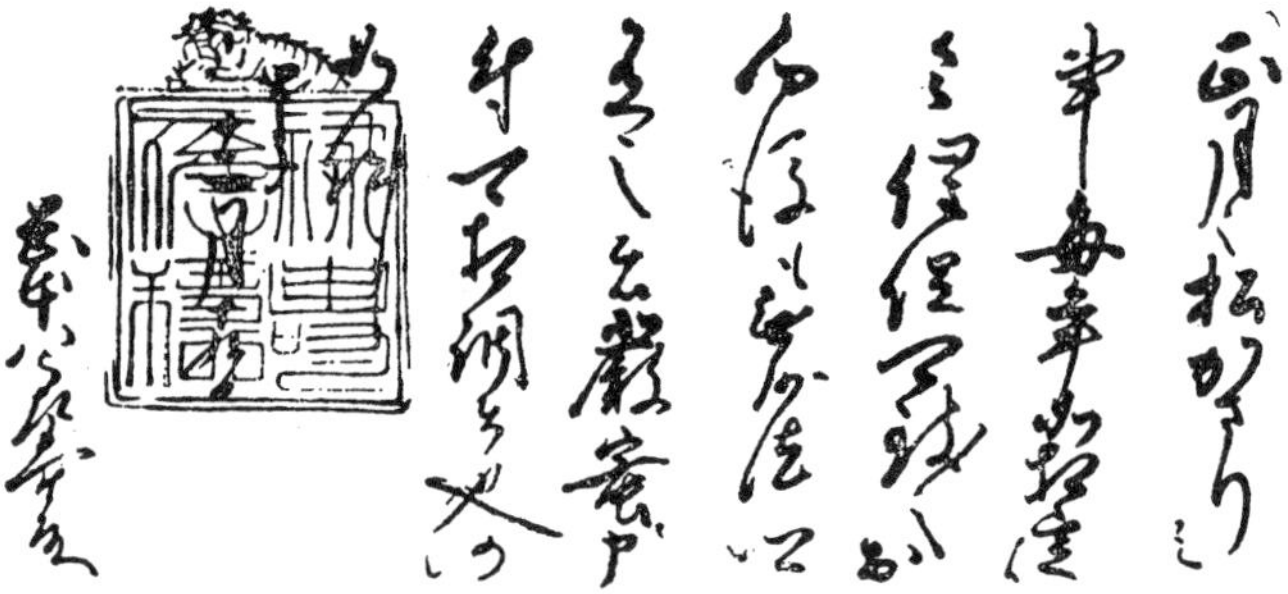

15.6 × 37.2cm

門松の古文書

一

正月の門松も近頃は以前にくらべて余り見られなくなってしまった。お正月というものがだんだん私どもの生活から遠のいて行ったことも確かであって、門松ばかりでなく色々の正月の行事が次第に消えて行きつつある。

ところで、正月に因んだ古文書を一通ここに紹介することとしよう。これは戦国時代のものであって、相模小田原城主北条氏の文書であり、もとのもの（原本という）は現存しているのかどうか不詳であるが、恐らくはもう戦災で失われてしまったことであろう。

そこでまず、古文書そのものを一読して見ることとしよう。挿入図を見ながら読者の方でまずまず判読を試みて下さるのもまた一興であろう。解読の方はもと通りの行がえにして置くから文字を落とさないようにとの注意が肝要である。

正月之松かさり之
事、毎年如二相定候一
令二催促一、可レ致レ之、於二
向後《こうご》一も、無沙汰《ぶさた》郷
有レ之者《ば》、厳蜜ニ申
付、可二相調一者也、仍
如レ件
甲子
十二月十九日
岡本八郎左衛門尉殿

読者の方々の判読はどうでしたか、多分大いに自信の程を強められたことでしょう。

さてそこで、次は内容を理解して戴くように、少し私の専門とする「古文書学」の入門に付き合っていただくこととしよう。読解の方に「厳蜜」とあるのは「厳密」が正しいので誤植ではないでしょうかとの質問が出るに違いない。成る程、そうには違いないが古文書にはよく当字《あて》が使われていて、例えば「違背」を「違輩」と書き、「造営」を「造栄」などと書いているのがあるが、誤字や当字の書かれている文書がすべて偽文書だと断ずることはできない。こうした誤字・当字はむしろ平気で使っているが、それで結構通用していたものであったから、一概に現代の学生・生徒などの誤字を咎《とが》める訳にも参らぬであろう。

この文書には日付の年号がなく「甲子《きのえね》」と干支《えと》が記してある。この甲子の歳は永禄七年（一五六四）に相当するのであるが、干支は六十年周期であるから、これより以前の甲子は永正元年（一五〇四）であり、これより以後では寛永元年（一六二四）となって、どちらも年代上から不都合である。

小田原後北条の初代は、北条早雲、伊勢新九郎長氏《ながうじ》であって、小田原城に入ったのは明応四年（一四九五）のことであったから、後に述べるような理由から永正は工合が悪く、また太閤の小田原攻めの天正十八年（一五九〇）に後北条氏は滅亡するのであるから、寛永の甲子の方も該当しないこととなって、永禄七年はどうしても動かせないこととなった。

古文書の日付が、年号でなく、このように干支を使うようになったのは、戦国時代になってからのことであって、しかも干支を月日より少し小文字で記すのは書式の簡略化を意味し、こうして日付の肩に略式に付ける年号や干支のことを「付年号《つけねんごう》」と呼んだ。年号を付年号とすることは鎌倉時代から見られたことであって、金沢文庫に蔵する金沢貞顕《さだあき》の消息に「付年号せられ候てをかれ候へく候」

（をかれ候というのは「保存する」の意味である）と記されていて、そうした書式は略式のものであったこともこれによって分るのである。

また付年号に対して「永禄七年十二月十九日」のように日付を文書に一行に書いたものを「書下《かきくだし》年号」とよんでいて、この方は略式ではなく正式の書式となっていて証文などに見られた。

二

こうして干支を文書に記すことは戦国武将らの出す文書にはじまったものである。それから、この頃の文書の特色の一つとして注意されることは、文書の宛名《あてな》であって、この文書を見ても分るように日付よりも宛名の方が低くさげて書かれていることがそれであり、それは宛名の人物が文書の発行者よりも身分の低いことを示しているのであるが、もう一つ「殿」の字である――これを宛所《あてどころ》の敬語とよぶが、くずし字はくずさない楷書よりはやや、下位、さらにうんとくずした草書となるとそれはもっと下位の人であり、「どのへ」のように仮名書になったものは、さらに下位となり、そのまた下位は呼びすてとなるのであった。だから古文書を見る時にはこうして詳しく様式に留意して、文面以外からもいろいろの歴史事実を見逃すことなくつかみとることが必要である。

次にこの文書は「印判状《いんばん》」と学術上ではよんでいるが、それは戦国武将間にのみはじめて見られた文書の姿であった。小田原北条氏では、このような印判状を永正十五年（一五一八）以降に発行しているのであって、私が前述した永正元年甲子の歳では、まだ印判状は出していないこととなって甲子（永正元年）をそれに該当させることは無理である。

鎌倉時代や、室町時代の武家文書には、こうして印章を文書におしたものはまだなかったが、戦国の世になるとまず駿河の今川氏からこうした印判状が出現し始めたが、それは多分に禅林からの影響からであって、花押代わりに印章を使ったその慣行が移って来たのである。この小田原北条の印章は戦国の当時から「虎の印」と呼ばれており、北条氏の「家印《かいん》」として権威があって、それは当主が常に携帯しているので、隠居の身分になると、他の自分の個人用の印章を使い、当主が戦陣に臨む時には虎印は小田原城から出て戦場に携行された。

後北条氏の印章はすべて、そのおし方は虎印と同じであるが、この虎印もまた必ず文書の日付の上に重ねて捺すのが原則となっていた。同じ戦国武将でも、甲斐の武田氏は日付の下部に、越後の長尾上杉氏は年のところに重ねておしたが、奥羽の伊達氏は差出名の下に、同じ奥州の葛西・最上両氏などもこの伊達氏に準じた。このように各家々によって文書の捺印の個所には相違があった。これらの印章は朱印が原則であるが、黒印のものもあって、それは朱印より黒印の方が略儀であり下位のものとなっていた。しかしこの虎印はすべて朱印であって、この文書でも日付の上にそのような虎の朱印がおしてある。

この文書の原寸は、たて一五・六×よこ三七・二センチである。そこで虎印は重郭方印で七・六センチとなり、その外郭の上に一頭の虎が坐っている図様であり郭内の印文は「祿壽應穏」の四字を陽文に二行に刻してある。

この印文の禄寿は、福禄寿などの禄寿であって、応穏は平和を意味するのである。ところが一昔《ひとむかし》以前の学者は、この虎印を甲斐の武田氏の「竜印」と相対せしめて「竜虎相闘う」などと説明したものであり、今だにそうした説明を得々《とくとく》として話す人が少なくないが、私は近頃こうした説を疑うようになった。

この虎印の虎は、猛虎ではなく、日光の左甚五郎の「眠り猫」のように、横臥して眠っているのである。これは竜虎相克とは余りに遠い姿ではないかと考えた揚句に、はたと考えたことは、水墨《すいぼく》画の「四睡図《しすいず》」の虎のことである。四睡図というは例の寒山詩《かんざんし》に見える豊干《ぶかん》禅師を中心として寒山・拾得《じっとく》の二人が左と右に、さらにその右の傍に一匹の虎が、そしてこれらがともどもに草原に坐して平和な深い眠りに入っている図様であって、これは禅僧の理想とする禅界の「妙悟証空」の帰着を示す画題であり、宋に渡った日本の禅僧画家の黙庵霊淵《もくあんれいえん》筆の一幅が、加賀藩主前田家に伝来（重文）している。

このように虎印は、禅の深淵な思想を宿した印章であるからこそ、北条氏の家印としての権威が保持出来た次第であると私は理解したのである。そしてまた、猛虎でなく眠れる虎であるからこそ、平和を表徴するその印文ともよくマッチしていて、これこそ戦国武将が理想とした理想の一面を示すものであると私は新解釈を下したのである。

三

さて永禄七年には、北条氏康・氏政父子が活躍していたが、氏康は隠居して当主は氏政であった。だから、氏政が岡本八郎左衛門尉《じよう》なる者に命じて、毎年の通り、領内の諸郷に対して正月の松飾りを調進するように督促したのであり、これは領民への課役として恒例となっていたのである。この文書には「無沙汰《ぶさた》の郷これあらば、厳密に申付け相調うべきものなり」と見えていて、この門松の徴発に応じない農民は、厳罰に処すると警告しているのであるから、農民にはその徴発される各自の門松の数量は不明ながら大きな負担であったように思われる。小田原城は後北条氏の本城であって、関東地方の各地にその支城があり、玉縄《たまなわ》・韮山《にら》・小机《こづくえ》・河越・江戸・滝山・八王子などの諸城はみな小田原の支城となっていた。この岡本八郎左衛門尉は「小田原衆所領役帳《しゆうしよりようやくちよう》」には、相模国高座郡吉岡を領有する北条氏の家臣となっているが、この領地は今の同郡海老名の南方の綾瀬村あたりを指し、相模川（下流は馬入川）の左岸の地域である。この「役帳」には岡本八郎左衛門尉はこの地に「五十八貫八百文」の「貫高《かんだか》」を有したこととなっているが、この「貫高」は戦国大名の軍役賦課《ぐんやくふか》の基礎を表示するものであって、多くの小田原北条の家臣団中でも彼は優位を占めていたのである。

このように、門松を負課にされたのは北条氏分国《ぶんこく》中でも或る特定の地域を限っていたものであろうが、北条氏康の伯父にあたる北条幻庵《げんあん》長綱は、河越附近の大井郷に桔梗《ききよう》根一俵の課役を命じたことがあって、この桔梗根は乾燥して薬用に供したものであった。

ここに見える桔梗根のことを調べて見たら、なかなかおもしろいことがわかってきた。桔梗根が単に薬用であるということだけでは、ほんとうは調べたことにはならない。研究というものは、それよりも、もっと深く掘り下げることが必要である。そこで調べて見ると、漢方では去痰薬であり、その他に出血症や腫瘡の薬にも供されている。朝鮮人参に類似するので韓国・中国では人参代用の薬用に供せられるという。それらは武田薬品工業株式会社刊（一九七一年版）の『薬用植物画譜』に刈米達夫氏（京大名誉教授薬学博士）が記していることであるから信頼できよう。

そこで二つのことが次には考えられる。その一つは北条幻庵は去痰薬の常用者であって、喘息の持病があった人ではなかったということであり、もう一つは、これは天正十五年（一五八七）の亥《いのしし》年の八月のことであり、桔梗根一俵の徴集に次いで更に二俵を同じ九月に徴集しているが、その一俵の量の多少がどういうことになるのか。つまり幻庵個人の常用薬に該当する分量であるとこれを見てよいかどうか。また毎年の課役として徴集するとしてそのような多量の桔梗根の薬用植物であることとなると、それは出血症や腫瘡の薬であると考えると、戦場の医薬品であるということになろう。戦国大名が領民に課した負担の中には、こうした医薬品も含まれていたということとなろう。一通の古文書の解釈はなかなか大切なことであって、短い文章の中から重要な問題が次から次へと出てくるものである。しかしそうかといって、やたらに牽強付会《けんきょうふかい》をやることは禁物であり、どこまでも第三者が納得するように、合理性のある解釈をすることが大切である。

このように、戦国大名は恒例以外にも色々と臨時の課役を分国内に徴したが、このような岡本八郎左衛門尉のような有力な家臣にとっても虎印の印判状には威力と強制力があるので師走の十九日――この永禄七年の十二月は大陰暦の小の月であって、大晦日は二十九日となっている――年内の余日も残り少なく、正月の飾りに間に合わせるためには領内に対しても並々ならぬ配慮を要したことであろうが、そのまま下部構造に連なる関係の役人である下級の連中から、最も末端にあった農民達の辛苦の上にこそ、小田原城内の松飾りが晴ればれと、また華やかに飾り立てられていたのであった。門松は新年の神の降臨する拠りどころであるとの起原説があるが、この文書によってこうして戦国大名が分国内に門松を徴集して、新年の行事として居城のいくつかの城門に門松を立てて飾ったことが判明するのであり、その他、僅か一通のこの文書から色々なことが分って来る次第である。正月に因む古文書として何か読者に資するところがあれば幸甚である。

晩秋の法隆寺村にて

稲の刈入れも終った法隆寺村の田圃は秋も深く、冬を迎えようとしていた。私は連日の古写経・古文書の整理と調査の仕事に疲れて、或る日仕事場になっていた法隆寺の普門院を出て中宮寺の東方の田の畔を小川に沿って歩いて行った。

時は日中事変の第三年目を迎えた昭和十四年（一九三九）のことである。小川に沿って曲り角となった畔道の縁に、紙で作った小さな幟《のぼり》が数本立っていた。冬枯れの淋しい野の末には遠く大和の山辺方面の山並《やまな》みが澄みわたった青空に遙かに望まれた。小さな幟は半紙を長さ十二センチ（四寸）幅三センチ（一寸）の大きさに切り、これを竹串に糊付して作ってある。そしてそこには毛筆書きで、

三河国奥山半僧坊大権現

出征軍人　川上新吾

と二行に墨書してあった。同じ文字の幟が四本かたまって畔の上に差してあったが、立ててからもう数日を経たのか木枯に吹かれて紙の一部は破けていた。この幟の主《ぬし》は中国大陸へ出征したこの法隆寺村の青年であろう。ここに掲げる写真はその日の私の撮影したスナップ写真であって、もう三十年近

冬枯れの平群《へぐり》の山を背景に
筆者撮影

い歳月が過ぎている。

こうしたものは、日本が戦争放棄をして平和憲法を護る限りは再び見ることはないものであろう。つまり過去のものとして恐らくは今ではもう人々から忘れ去られているものであるに相違ない。

しかし私はそのようなつまらないものと人にとかく思われ勝ちなものであるからこそ一層、記録にとどめて置く必要もあろうかと思い、またこの写真は、その意味から愛着を覚えまたそれ以上に資料としての重要性をそこに見るのである。

戦時中は禁忌《タブー》として口外出来なかったことが色々とあったが、この小さな幟にも、この出征軍人の武運長久を祈ることだけが、祈願の限界であったかどうかと私は疑うのである。

或いはこの法隆寺村の出征軍人の家族はその当時、武運長久を祈願することだけで十分であったのかも知れないが、私はもう少し先のことが人々の祈願の裏には秘められていたのではなかったかと考えたのである。

それは終極的には兵役忌避・戦争回避への手段方便の一つとして、これが民間信仰として庶民の間に潜在していたのではなかったかとそう思えるのである。このような考え方がもし誤っていないとするならば、私はこの小さな幟に戦争に関して逸することの出来ない歴史的な、小さくはあるが史実があり、従って、これもまた貴重な庶民資料となるものであろうと考える。そして終戦後の今の時点においてもう一度考えて見ることが必要であろう。

この幟に書いてある「三河国奥山半僧坊」というのは、浜名湖の北、静岡県引佐郡奥山村にある臨済宗方広《ほうこう》寺のことであって、この寺は後醍醐天皇の皇子無文禅師（聖鑑国師）を開山としている。そして特に民間信仰として天狗の霊験をもって世に知られ、「奥山半僧坊大権現」と称して篤く信仰されていて、全国各地から講中の人々の参詣があって賑わっている。

本寺には、現在本堂には釈迦像を安置するが、別に大権現堂があって、これが半僧坊の本体となっている。半僧とは半俗半僧のことを意味しているが、寺伝では開山の無文元選《むもんげんせん》禅師が、中国明《めい》州を船出して日本に帰らんとして東シナ海の洋上にて暴風雨に遭った際に、眼光鋭い一偉人が海上に出現して禅師の船を護衛したが、これが半僧坊大権現なるものであると説いている。

また寺の方では、この大権現は「厄難消滅、海上安全、火災消除、諸願満足」とその霊験・利益《りやく》を説いている（方広寺略史）。

このように霊験を色々と数えあげているが、終戦以前には禁忌の戦争回避・兵役忌避への御利益が仮にあったとしても表へは到底出すことは出来ないことであり、従ってそのような事実の存在を後世に向かっては文献としては残し難いものであり、民間の潜在信仰として人々は言外に秘めて来たものであろうと推定するのである。

関東地方でも鎌倉の建長寺の裏山勝上嶽の中腹に半僧坊というのがあるが、これは明治二十二年（一八八九）に三河の方広寺から勧請《かんじょう》したものであった。戦前には石段の上や中腹などに鉄製の天狗像数体が並んでいて奇観を呈しておったが、戦時中の強制的金属献納によって姿を消してしまった。

この法隆寺村の小幟は畔道の曲り角のところ、他の畔道からは突き当りのところに立ててあった。道の突き当りに立てたことは信仰上から意義があるものであって、これを素通りしては何の利益も効力もなく、天狗の霊験は素っ飛んでしまうのである。道が突当って手答えがあってこそ、そのご利益もあるものである。このようなことは一般に民俗学上から説かれていることであるが、この幟を立てた人は勿論そのような意識の有無とは無関係であり、ただそのようにして幟は立てるものであると信じてやったに過ぎない。

戦時風俗史の一端というか、このような民間習俗、あるいは庶民思想を後世のために今のうちに集めて置くことも、私ども歴史家のつとめであろうと、こうして記録にとどめて置くのである。

あとがき

新人物往来社とはもう長年のおつきあいである。月刊誌の「歴史読本」に予定した原稿が不足したりすると、ピンチヒッターの出場を求められたりしたこともあった。そのような浅からぬ縁故もあって、新人物往来社発行の諸誌に間にあわせの原稿を送ったものが、ここ数年に少したまったらしい。近頃、編集局長大出俊幸氏および同社の新田完三氏が訪ねてこられて、そうした雑文を一冊にまとめて、単行本にすることを勧められたので、私もそのような気になって、これに同意したのであった。

啓蒙についてちょっと私の考えを付言して置きたい。私は古文書学の研究に興味をもっていて、多年その方面のことに専念してきた。あるいは能力の限界によってそれしか私にはできなかったのであろうということもある。しかし古文書学には、これで十分であるということがない。どんなにやっても終点は見付からず、むつかしい学問である、とつくづく思わされ続けている。私が今まで手がけて来た研究といっても、底知れぬ学問の上からすれば、まことに微々たるものである。しかしそれが啓蒙となると一段とまた相手の知識は稀薄であり、（失礼な言い方であるが）微々たる私の学力がそれをどれ程に啓蒙し得るものであるのかと心配に思われる。

縁あってそうした専門の学術研究に専念することができるという自分の幸運は、必ず一般社会に還元して行かねばならぬ、とそう考えると、学者は徒らに象牙の塔に籠ることのみが能ではないと思われる。啓蒙の書としてこの大切な役割をこの本がはたしてくれて、少しでもお役に立つことができれば本望である。終りに、そうした機会を私に勧め、編集に努力して下さった新人物往来社の皆さんに感謝しておきたい。

七月朔日

荻　野　三　七　彦

『姓氏・家紋・花押』を読む

小和田哲男

冒頭から私事にわたって恐縮であるが、はじめに断わっておかなければならないことがある。私は、本書の著者荻野三七彦先生の直弟子である。昭和四一年から四七年まで、大学院の修士課程・博士課程の六年間を先生のもとで学んでいる。

ふつう、このような解説の場合、荻野さんとか荻野氏と書くことになるが、私には荻野さんとか荻野氏といういい方はできない。荻野先生で通すことをお許しいただきたい。

この本は昭和五一年に出版された。そのころ私は静岡大学教育学部の助教授になっていたが、本書を先生からいただき、何度もくりかえし読んだことを覚えている。それは、私自身、大学の古文書演習の授業をもっていて、この本に書かれている内容を授業でも使わせていただいたからである。赤鉛筆で線を引いたところも何ヵ所かある。

さて、本書の表題は『姓氏・家紋・花押』であるが、目次の順に従ってI花押からみていきたい。「花押と日本史の謎」は、古代から近世まで、幅広く花押の歴史について述べたもので花押史概説といった趣がある。古文書学上、花押研究がいかに重要であるかを力説されており、花押の位置、つまり、袖判、奥判、さらに裏判といったちがいから、「これらの各種の花押にはいずれもそれぞれの意義があるのであって、そうしたことに対する知識をもって文書を理解することが、真の歴史学へと連結してゆくのである」と述べている。

具体例として、武家の棟梁となった源頼朝の下文が袖判であることと、足利尊氏がはじめは日下の花押だったものが、権力をもつようになったころから袖の方へ移っていることをとりあげており、花押の位置から権力のあり方もわかってくるという興味深い指摘がなされている。

また、さりげなく書かれている部分が読み手には「目からウロコ」という箇所も少なくない。「花押は元服によって開始される」とあるところなどは、今川氏親が元服前に文書を出す必要に迫られたとき、印文不詳の印判を使用しなければならなかった事情がわかり、納得したような次第である。

同じ人でも、花押が微妙に変化しているという点にも注目され、「花押の変遷について、正確なメモが作成されていると、その年の不明な文書もこの花押メモを基準にして、文書作成の年代の推定ができるのである。そして、一般的にひろく応用すると、花押のデータによって、文書の作成年代の推定ないしは決定が可能になってくる」とも指摘している。現在ではあたりまえのようになっているこの手法の比較的早い実践者だったのではないかと思われる。

つぎがⅡ紋章である。本書の表題では家紋となっているが、一般的には家紋の方がなじみがあるからであろう。

家紋・紋章については、沼田頼輔氏の『日本紋章学』があり、荻野先生も、「名著として今日もなお学問的な権威を失ってはいない。日本の紋章に関しては何人も必ず閲読しない訳にはいかぬ図書である」としながらも、「日本の紋章の研究は今や改めて研究を遺り直すべき時に到着していると申すべきである。この方面の学問知識は半世紀以前の沼田博士の研究から余り進んでいないと考えても過言ではない」と、沼田氏を越える研究の出現を訴えている。

「紋章と日本人」は、さきの「花押と日本史の謎」と同様、紋章史概説であるが、単なる概説ではなく、先学に対する厳しい批判もある。たとえば、天皇家の菊紋下賜にかかわる「安積文書」について、荻野先生は沼田氏の説およびその説のもとになった『史料綜覧』の「綱文」を批判している。それは、「安積文書」が江戸時代の偽文書だからというのである。

紋章研究は、これまでどちらかというと趣味の世界に終始する形で推進してきており、それを、改めて学問体系に乗せて研究しなおさなければならないという先生の主張は説得力がある。

そうした前提の上で、本書で注目されるのが「紋章研究の手引き──楯紋・旗紋・幕紋の考察──」である。これは、「手引き」とはいいながら、楯紋・旗紋・幕紋についての本格的な研究といってよい。「春日権現験記」「男衾三郎絵詞」「法然上人絵伝」といった絵画資料を駆使されての考察となっている。昨今、中世史研究に絵画資料が大いに利用されるようになってきたが、これも早い例ではないかと思われる。

なお、「手引き」のところでは、紋付の成立についてとか、秀吉による紋章乱用禁止令についてもふれられ、家紋・紋章についての興味深い内容も盛りこまれていて、文字通り、「手引き」としての役割も果たしている。

Ⅲ姓氏も一般的には人気のある分野で、姓氏に関する本はおびただしい数が出ている。ただ、本書の姓氏の部分は一般書がとり扱う姓氏とはやや趣を異にしている。それを一言でいえば、「古文書からみた姓氏」ということになろうか。

さきの紋章と同じように、姓氏に関しても太田亮氏の『姓氏家系大辞典』および『姓氏家系辞書』があり、不朽の名著とされている。これについても、荻野先生は、「こうした学問が現代の新鮮な息吹を導入することもなくそのままに通用するものであろうか。しかるべく再考されてよい時期に達しているのである」と述べ、太田氏の仕事を越える研究の出現が望まれるとしている。

姓氏の研究と系図の研究はセットになると私は考えている。本書で荻野先生は武蔵吉良氏を例に具体的な検討を行っていて、その方法論は学ぶべきであろう。本書でも書かれているが、「世に伝わる系図ほど信頼の出来ないものはあまりほかにはない」という言葉は、大学院の古文書などの授業でも何度か聞かされてきた。

また、「研究を正確にするためには広い視野に立って考察することが、まず第一に必要なことである。虚偽の系図のなかにも共通した欠陥がみられる。それはやはり粉飾による曲筆ということであろう。これはあるいは日本人の一つの特性であろうか」と述べ、さらに続けて、「粉飾から虚構へというのが一つの過程であるとするならば、家の歴史の真実の姿は、こうした邪魔物の除去に努力しなければならない」と指摘する。

そのために必要なのが古文書であり、また、家の歴史と、日本史全体の整合性に目配りしなければならないとする。系図は、どうしても自家を誇示し、先祖の人びとを顕彰することに目的があるわけで、そこに虚構が入り込む余地もある。これは系図だけでなく家譜の類も同じである。系図・家譜の作者の意図を見抜いていく鑑識眼が必要ということではなかろうか。

本書の最後がⅣ古文書である。荻野先生の一番の専門は日本古文書学であり、私が大学院生のころは、日本古文書学会の事務局が荻野研究室に置かれていて、会誌の発送やら、年一回の大会の準備などをやっていたことを思い出す。

古文書のところは、「古文書の復活—古文書とはこういうものである—」と「偽文書の始末」、あと新発見文書の紹介およびエッセーから成っている。

「古文書の復活」のところでは、具体的に貞和四年（一三四八）の「日時勘文」を取りあげており、文書そのものは単純な内容でどうということはなく、この文書だけみていてもあまり得るものはないという。

ところが、荻野先生は、洞院公賢の日記である『園太暦』と結びつけることで、さまざまなことがわかってきた事例を紹介され、それを「復活」と表現されたのである。その上で、きわめて単純な外観、内容に乏しいと思われる文書でも、光の当て方で立派な生きた史料となり復活するということを強調されている。先生もいわれるように、古文書とは誠に不思議なものである。

さて、本書で私が注目するのは、つぎの「偽文書の始末」である。ここでは先生が実際に手に入れた北条氏康の印判状（偽文書）についてふれている。実は、私は院生のとき、先生がこの文書をもってこられてテストをされた経験がある。後北条氏を博士論文のテーマとしていたので、試すつもりがあったのかもしれない。

そのころには私も後北条氏の印判状は何通もみていたので、「朱印の色がおかしいですね」といった。先生は、「それから」と、楽しそうに畳みかけてくる。「干支の書き方がちがう」と、私はそこまでしか答えられなかったが、本書で先生が指摘しているように、ほかにもいくつかおかしいところがあった。

もし、本文からでなく、この解説から読まれる方がいたら、写真版をみて、どこがおかしいかみつけられたらいいのではないかと思う。ただ、カラーではないと、朱印の色がおかしいところはわからないだろう。

最後に一つ付け加えておきたい。先生は「あとがき」のところで、研究成果の一般社会への還元に論及されている。在学中からこのことはたびたびいわれていた。私自身はその先生の教えを忠実に実践している一人だと思っている。黄泉の国から、「よくやってる」と褒めてくれるか、「ドラマの時代考証とかマンガの監修まではやりすぎだよ」と苦笑いされているかはわからない。

（静岡大学名誉教授）

本書の原本は、一九七六年に新人物往来社より刊行されました。

著者略歴

一九〇四年　東京市に生まれる
一九二九年　早稲田大学文学部史学科卒業
東京帝国大学文学部史料編纂所嘱託、早稲田大学教授、聖徳太子奉讃会理事、永青文庫理事等を歴任　文学博士
一九九二年没

〔主要著書〕
『聖徳太子伝古今目録抄の基礎的研究』（法隆寺、一九三七年）、『日本中世古文書の研究』（荻野博士還暦記念論文集刊行会、一九六四年）、『印章』（吉川弘文館、一九六六年）、『日本古文書学と中世文化史』（吉川弘文館、一九九五年）

読みなおす日本史

姓氏・家紋・花押

二〇一四年（平成二十六）十月一日　第一刷発行

著　者　荻《おぎ》野《の》三《み》七《な》彦《ひこ》
発行者　吉川道郎
発行所　株式会社 吉川弘文館
郵便番号一一三—〇〇三三
東京都文京区本郷七丁目二番八号
電話〇三—三八一三—九一五一〈代表〉
振替口座〇〇一〇〇—五—二四四
http://www.yoshikawa-k.co.jp/
組版＝株式会社キャップス
印刷＝藤原印刷株式会社
製本＝ナショナル製本協同組合
装幀＝清水良洋・渡邉雄哉

ISBN978-4-642-06581-8

刊行のことば

現代社会では、膨大な数の新刊図書が日々書店に並んでいます。昨今の電子書籍を含めますと、一人の読者が書名すら目にすることができないほどとなっています。ましてや、数年以前に刊行された本は書店の店頭に並ぶことも少なく、良書でありながらめぐり会うことのできない例は、日常的なことになっています。

人文書、とりわけ小社が専門とする歴史書におきましても、広く学界共通の財産として参照されるべきものとなっているにもかかわらず、その多くが現在では市場に出回らず入手、講読に時間と手間がかかるようになってしまっています。歴史の面白さを伝える図書を、読者の手元に届けることができないことは、歴史書出版の一翼を担う小社としても遺憾とするところです。

そこで、良書の発掘を通して、読者と図書をめぐる豊かな関係に寄与すべく、シリーズ「読みなおす日本史」を刊行いたします。本シリーズは、既刊の日本史関係書のなかから、研究の進展に今も寄与し続けているとともに、現在も広く読者に訴える力を有している良書を精選し順次定期的に刊行するものです。これらの知の文化遺産が、ゆるぎない視点からことの本質を説き続ける、確かな水先案内として迎えられることを切に願ってやみません。

二〇一二年四月

吉川弘文館

読みなおす
日本史

日本海軍史	外山三郎著	二一〇〇円
史書を読む	坂本太郎著	二一〇〇円
山名宗全と細川勝元	小川　信著	二二〇〇円
東郷平八郎	田中宏巳著	二四〇〇円
昭和史をさぐる	伊藤　隆著	二四〇〇円
歴史的仮名遣い その成立と特徴	築島　裕著	二二〇〇円
時計の社会史	角山　榮著	二二〇〇円
漢　方 中国医学の精華	石原　明著	二二〇〇円
墓と葬送の社会史	森　謙二著	二四〇〇円
悪　党	小泉宜右著	二二〇〇円
戦国武将と茶の湯	米原正義著	二二〇〇円
大佛勧進ものがたり	平岡定海著	二二〇〇円
大地震 古記録に学ぶ	宇佐美龍夫著	二二〇〇円
姓氏・家紋・花押	荻野三七彦著	二四〇〇円
安芸毛利一族	河合正治著	（続　刊）
三下り半と縁切寺	高木　侃著	（続　刊）

吉川弘文館
（価格は税別）